O PODER DAS
CAMPANHAS DE VENDAS

O PODER DAS
CAMPANHAS DE VENDAS

Segredos e estratégias de grandes empresas

César Frazão

Agradeço a todos os gerentes de vendas, diretores e empresários que compartilham comigo suas ideias e experiências, tornando, assim, possível esta obra.
Em especial meu agradecimento ao Sr. Vale Guimarães, meu mentor, um dos maiores conhecedores sobre Campanhas de Vendas, a quem dedico este livro.

César Frazão

Direção Geral:	Julio E. Emöd
Supervisão Editorial:	Maria Pia Castiglia
Revisão de Provas:	Camila Camargo Diasas
	Letícia Socchi de Mello
Programação Visual e Editoração Eletrônica:	Mônica Roberta Suguiyama
Capa:	Grasiele Lacerda Favatto
Fotografias da capa:	Nevodka/Shutterstock
	Miroslav Jurik/Shutterstock
Impressão e acabamento:	Cromosete Gráfica e Editora Ltda.

CIP-BRASIL. CATALOGAÇÃO NA PUBLICAÇÃO
SINDICATO NACIONAL DOS EDITORES DE LIVROS, RJ

F917p

Frazão, César
O poder das campanhas de vendas : segredos e estratégias de grandes empresas / César Frazão. - 1. ed. - São Paulo : HARBRA, 2016.
128 p. : il. ; 23 cm.

ISBN 978-85-294-0482-0

1. Venda. 2. Motivação no trabalho. 3. Negociação (Administração de empresas). I. Título.

16-34026

CDD:658.81
CDU: 658.811

O PODER DAS CAMPANHAS DE VENDAS
Copyright © 2016 por editora HARBRA ltda.
Rua Joaquim Távora, 629 – cep 04015-001 São Paulo – SP
Tel.: (0.xx.11) 5084-2482. Fax: (0.xx.11) 5575-6876
www.harbra.com.br

Todos os direitos reservados. Nenhuma parte desta edição pode ser utilizada ou reproduzida – em qualquer meio ou forma, seja mecânico ou eletrônico, fotocópia, gravação etc. – nem apropriada ou estocada em sistema de banco de dados, sem a expressa autorização da editora.

ISBN 978-85-294-0482-0

Impresso no Brasil

Printed in Brazil

CONTEÚDO

INTRODUÇÃO – O que é uma campanha de vendas 9

PARTE 1 – Planejamento 13

1 – Análise e avaliação do histórico de vendas 15

2 – Definição de Políticas e Premissas da Campanha de Vendas 17

    Market share 17

    Fique atento à concorrência 19

    Regras de comercialização – Preço e desconto 20

    Desenvolvimento da receita 21

    Geração de caixa 21

    Custos de Vendas 21

3 – Construção das metas de vendas 24

    Base de dados 24

    Mercado a trabalhar 25

    "Curva ABC" de mercado 29

    Canais de venda 31

    Metas de venda 33

    O risco das metas aleatórias 36

    Fluxo de caixa 37

    Estrutura de vendas 38

4 – Remuneração da estrutura de vendas 40

    Comissões 42

Premiação   45

Salário fixo ou comissão?   47

Ideias para premiações   48

Ambiente competitivo   50

PARTE 2 – Equipe   53

5 – Perfil dos profissionais   55

6 – Onde encontrar bons vendedores   58

7 – Como entrevistar candidatos   60

8 – Avaliação do desempenho individual   63

9 – Modelo de avaliação Frazão   65

10 – Novas necessidade de treinamentos   68

11 – *Turnover* com ética   71

12 – Equipes de vendas próprias ou autônomas?   73

PARTE 3 – Controles   79

13 – Controles de Vendas   80

O que deve ser controlado   81

Com que periodicidade devem ser feitos os controles   81

Contra fatos não há argumentos   82

Exemplos de controle e vendas   82

PARTE 4 – Implantação das campanhas de vendas   95

14 – A importância do pré-campanha   96

15 – Como fazer um pré-campanha   100

16 – Cerimônia de entrega de prêmios   102

17 – A motivação da equipe de vendas é fundamental   103

18 – Vendendo a campanha para o mercado   106

Conteúdo • 7

PARTE 5 – O pós-venda   109

19 – A finalidade do pós-venda   110

20 – Exemplos de pós-venda de sucesso   113

PARTE 6 – Campanhas de vendas bem-sucedidas   117

21 – Não importa o tamanho da empresa   119

    Campanha de uma grande empresa   119

    Campanha de uma empresa de porte médio   122

    Campanhas de duas empresas de pequeno porte   124

    Campanha de duas microempresas   126

DOTSHOCK/SHUTTERSTOCK

INTRODUÇÃO

O que é uma
CAMPANHA DE VENDAS

Vendas é o coração da empresa.
Jack Welch

Podemos definir CAMPANHA DE VENDAS como a única e mais segura forma de as pequenas, médias e grandes empresas poderem atingir os resultados mais lucrativos e geradores de caixa, como consequência de um planejamento técnico e profissional, com base na realidade e não em meros palpites ou, simplesmente, na vontade.

Já passou a época em que as decisões podiam ser tomadas única e exclusivamente na base da intuição, do "achismo", pois os riscos de se "atirar no que se vê e acertar (ou não!) no que não se vê" são reais e, às vezes, até desastrosos e/ou fatais. Em vendas, nada acontece por acaso. Tudo é uma relação de causa e efeito.

Hoje, uma decisão errada pode ser fatal e comprometer toda a empresa. Nesses casos, quem agradece é a concorrência!

Não podemos ignorar que as coisas mudaram e a evolução e globalização dos mercados, a agressividade e agilidade da concorrência, acrescida da "profissionalização" dos clientes e a necessidade permanente, vital e decisiva de geração de caixa não permitem mais admitir que o sucesso das empresas aconteça por acaso ou, como ainda infelizmente muitos empresários pensam... , na base do "É só não inventar", "Meus clientes são fiéis", "Meu produto é o melhor!", "Sempre deu certo assim...". Também não dará certo pela postura suicida de que "Tudo se resolve baixando o preço e ampliando o prazo de pagamento".

Ainda encontramos muitos empresários, diretores e gerentes de vendas que desconhecem a importância do planejamento de uma CAMPANHA DE VENDAS. **Alguns nem mesmo sabem o que é e para que serve uma CAMPANHA DE VENDAS.** Ao contrário do que muitos pensam, fazer uma CAMPANHA DE VENDAS não é, simplesmente, lançar uma promoção relâmpago, baixando os preços ou algo do gênero. Vai muito, mas muito além disso!

A realidade de hoje mostra que a sobrevivência das empresas passa, obrigatoriamente, pela maximização – em bases sólidas – do seu crescimento (aumento de produção e de sua capacidade de atendimento) e desenvolvimento (melhoria na eficiência dos processos, na produtividade etc.), pela busca permanente da liderança em seu segmento de mercado, e pela otimização dos recursos financeiros gerados. Esses recursos devem ser capazes de atender às prioridades e aos objetivos de curto, médio e longo prazo da empresa, independente de seu tamanho.

Daí a necessidade de, incessantemente, serem perseguidos os mais altos resultados qualitativos e quantitativos, aproveitando de forma ágil todas as oportunidades de mercado, construindo – com base em pressupostos **comprováveis** – metas arrojadas, mensuráveis e controláveis, respeitando sempre as políticas e premissas comerciais previamente definidas e buscando a

> Fazer uma CAMPANHA DE VENDAS não é, simplesmente, lançar uma promoção relâmpago, baixando os preços ou algo do gênero. Vai muito, mas muito além disso!

decisiva e imprescindível mobilização, envolvimento e comprometimento não só da área de vendas, como também de toda a empresa. Não se trata de uma opção, mas de uma questão de sobrevivência em mercados altamente competitivos como acreditamos deva ser o seu caso.

Como, então, "construir" uma CAMPANHA DE VENDAS?

Nossa proposta é abordar neste livro, de forma simples, direta e objetiva, com "dicas" práticas, os temas:

- ✓ PLANEJAMENTO
- ✓ EQUIPE
- ✓ CONTROLES
- ✓ IMPLANTAÇÃO DE CAMPANHAS DE VENDAS
- ✓ PÓS-VENDA
- ✓ TECNOLOGIA EM CAMPANHAS DE VENDAS
- ✓ "CASES" DE CAMPANHAS DE VENDAS BEM-SUCEDIDAS

Vamos explorar as mais diversas etapas de cada um desses assuntos, analisar seus conteúdos, projetá-los e adequá-los à realidade de sua empresa, aos seus objetivos a curto, médio e longo prazo, além de outras eventuais particularidades.

EDHAR/SHUTTERSTOCK

PARTE 1

PLANEJAMENTO

Vendas sem planejamento são como um "voo cego". Você atira no que vê e pode ser negativamente surpreendido, acertando no que não viu.

Vale Guimarães

Ainda hoje, muitos empresários, executivos e gestores de vendas aparentemente subestimam a importância e necessidade de um planejamento profissional das vendas, já que o entendem como "perfumaria", sofisticação ou perda de tempo. E se perguntam:

Mas planejar para quê?

No íntimo, esses empresários sabem da importância do planejamento nos negócios, mas a correria do dia a dia, os problemas, a necessidade constante de vendas e dinheiro, fazem com que pensem: "Não tenho tempo para planejar", "Tenho que faturar, que correr atrás, senão..."

Se você quiser ganhar dinheiro de verdade nos negócios, deve dedicar alguma energia ao planejamento das vendas.

E isso vale tanto para um simples açougue de esquina quanto para uma multinacional. É importante planejar para:

- ❖ definir os rumos da empresa;
- ❖ viabilizar e maximizar o crescimento da empresa em bases sólidas;
- ❖ projetar cenários;
- ❖ prever, programar e definir objetivos e metas.

Nos próximos capítulos discutiremos as etapas necessárias para se planejar uma CAMPANHA DE VENDAS de sucesso:

- ✓ análise e avaliação do histórico das vendas;
- ✓ definição de políticas e premissas da campanha;
- ✓ construção de metas de vendas e de caixa;
- ✓ remuneração da estrutura de vendas.

Capítulo 1

Análise e avaliação do
Histórico das Vendas

*Mas para que conhecer o passado
se queremos planejar o futuro?*

Porque quando conhecermos, entre outros,

- ❖ a origem dos últimos resultados obtidos,
- ❖ a eficácia dos canais de vendas utilizados, frente aos mercados trabalhados,
- ❖ a validade das políticas, estratégias e táticas implementadas,
- ❖ a razoabilidade das metas perseguidas,
- ❖ o desempenho individual das estruturas de cada canal de vendas,
- ❖ as formas de remuneração e premiação utilizadas,
- ❖ os impactos de eventuais desvios ou oportunidades ocorridos durante a campanha,

bastará analisar e usar todas as informações disponíveis para, com mais segurança, montarmos as estratégias e táticas da campanha seguinte. Essas estratégias facilitarão a maximização de resultados, quantitativa e qualitativamente, evitarão que eventuais erros que tenham sido cometidos (se existiram) não voltem a se repetir e nos permitirão desenvolver alternativas de "defesa" para não sermos surpreendidos por eventuais fatores externos, fora de nosso controle.

E como fazer essa análise?

A análise e avaliação do histórico das vendas devem ser realizadas comparando-se os resultados obtidos com os que foram previstos; não apenas os resultados quantitativos, mas também, e principalmente, os resultados qualitativos.

Isso porque os comportamentos por produto ou serviço, segmento de mercado, categorias/classes de clientes, canal de vendas, estado, região, cidade, cep, vendedor, gerência etc. são de grande valia para a projeção dos resultados futuros.

Além disso, devemos, também, avaliar:

❖ a eficácia e a contribuição à comercialização de cada estratégia utilizada,
❖ a contribuição das ações de apoio do marketing operacional e institucional,
❖ o retorno do esforço e do investimento em treinamento oferecido a todas as estruturas de vendas.

Resumindo:

Todas essas informações são relevantes, pois nos mostram a eventual necessidade de revisar estratégias, táticas, de atualizar e criar novos processos, meios, recursos, e quaisquer outras formas de ação que possibilitem melhorias da performance em vendas.

CAPÍTULO 2

Definição de políticas e
PREMISSAS DA CAMPANHA DE VENDAS

Após concluir a análise e avaliação do histórico das vendas, deve-se passar à fase das definições que nortearão o estabelecimento das próximas metas a serem perseguidas.

A direção da empresa deve definir os objetivos, as políticas e premissas básicas para a CAMPANHA DE VENDAS.

E quais são as informações que, preferivelmente, devemos ter?

Market Share

❖ Qual é o % de clientes × o total de mercado que temos hoje?

❖ O quanto queremos e podemos crescer? Em quanto tempo?

Aumentar a participação de mercado, transformando *prospects* em clientes, deve ser o objetivo permanente de todas as empresas e de qualquer CAMPANHA DE VENDAS. Não só porque isso nos dá uma maior fatia do mercado, mas também porque possibilita uma melhor "estabilidade financeira" da empresa, que será tanto maior quanto mais a receita estiver diluída pelo maior número possível de clientes.

Todos os anos as empresas perdem clientes por diversos motivos. Isso é natural, faz parte dos negócios. Mas pense: se sua empresa perder 20% dos clientes por ano, o que não é nenhum absurdo, em quatro anos ou menos sua empresa fechará as portas.

Daí a importância e quase obrigatoriedade de se ter uma reposição de clientes. É preciso que os vendedores tenham uma meta semanal de visitas a novos clientes. Isso precisa ser encarado com seriedade e deve ser cobrado constantemente dos vendedores; caso contrário, eles visitarão somente os que já são clientes, porque é mais fácil vender para quem já se conhece.

Mas, cuidado! "O céu não é o limite!"

A decisão do porcentual de crescimento de seu *market share* só deve ser tomada após análise de algumas variáveis, como, por exemplo:

❖ como o seu mercado de *prospects* está distribuído e quantificado na curva ABC de mercado;
❖ estrategicamente, em qual segmento (A, B ou C) mais interessa investir na busca de novos clientes;
❖ de acordo com essa distribuição, quais canais de vendas precisará utilizar e, por consequência,
❖ qual pode ser a expectativa de retorno (relação custo × benefício)?

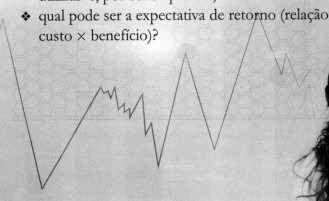

WAVEBREAKMEDIA/SHUTTERSTOCK

Fique Atento à Concorrência

Todos nós sabemos que o mercado está em constante mudança e crescimento, mas às vezes esquecemos que os nossos concorrentes também estão loucos para crescer e conquistar novos mercados, inclusive o nosso.

Reflita um pouco: Você teve concorrentes novos nos últimos 2 anos?

Se a resposta for SIM, pergunto a você:

— Do que esses novos concorrentes estão vivendo?

— Eles estão vendendo para quem?

— Se eles não existissem, os atuais clientes deles estariam comprando de quem?

Fique esperto! Não seja tão passivo em relação à concorrência, é preciso se antecipar e "ir para cima"! Inovar nos produtos ou na prestação de serviço. Pode ter certeza que neste exato momento o concorrente pode estar pensando: "O que devo fazer para ganhar clientes?" E a resposta certamente implicará alguma estratégia contra sua empresa.

O fato é que, para sua empresa, mesmo quando as coisas estão bem, é necessário olhar para frente e buscar mais e novas oportunidades no mercado, porque se você não as buscar, seu concorrente o fará. E se ele crescer e você não, automaticamente você perdeu mercado.

Sei que essa colocação parece meio estranha, e até incômoda, porque nos dá a sensação de que nunca chegaremos lá! Mas em um mercado competitivo como vivemos hoje, essa é a mais pura verdade.

Os três fatores a seguir são necessários para se vencer a concorrência:

* **estudá-la** – conhecer seus pontos fortes e fracos, possibilitando, assim, que você monte estratégias e argumentações adequadas de vendas;
* **ter coragem** – para enfrentar mesmo os maiores concorrentes (lembre-se que David derrotou Golias!);

- ❖ **ser mais rápido** – é preciso chegar no cliente antes do concorrente, pois se o cliente comprar dele, provavelmente não terá necessidade, nem dinheiro, para comprar de nós.

REGRAS DE COMERCIALIZAÇÃO – PREÇOS E DESCONTOS

É necessário definir como a empresa pretende tratar preços e descontos.

PREÇOS

- ❖ Irão aumentar? Quanto em %?
- ❖ Serão baixados? Tem certeza?
- ❖ Se você baixar o preço em R$ 1,00 para fazer uma venda ou ajudar a um cliente, quando você acha que seu cliente voltará a pagar R$ 1,00 a mais se você quiser aumentar o preço?
- ❖ Serão mantidos? A margem de lucro está adequada?

DESCONTOS

- ❖ Vamos ter?
- ❖ Quais serão?
- ❖ Esses descontos se destinam a vender mais?
- ❖ É oportuno antecipar os recebimentos?
- ❖ Desconto para todos ou apenas para alguns produtos?
- ❖ Quem receberá esses descontos: só os clientes fiéis? ou apenas os novos clientes?

Ainda que não se venda preço e sim valor (benefícios e diferenciais do produto ou serviço), não podemos ignorar o impacto que preço e desconto têm nos resultados de uma campanha.

Por isso, é importante que as decisões sobre preço e descontos sejam baseadas em algumas variáveis, como, por exemplo:

❖ lucratividade pretendida;
❖ objetivos/metas de caixa;
❖ evolução de *share* de mercado (arrojada ou vegetativa?);
❖ preço praticado pela concorrência;
❖ diferenciais dos produtos ou serviços frente aos concorrentes;
❖ conjuntura externa – economia global.

É preciso refletir muito bem, mas muito bem mesmo sobre esses aspectos. Em nossa experiência, uma vez que se diminui o preço, raramente se consegue trazê-lo de volta sem traumas e perda de clientes. Pensamos que embora não seja o caminho mais fácil e rápido, o melhor ainda é treinar a equipe de vendas para argumentar corretamente e saber justificar um valor mais alto do que o da concorrência.

DESENVOLVIMENTO DA RECEITA

Os objetivos de desenvolvimento da receita devem ser construídos em bases sólidas, de forma arrojada, mas factível, ainda que com muito esforço e criatividade e em um nível capaz de atender os macro objetivos de curto, médio e longo prazo.

Os recursos humanos e financeiros a serem disponibilizados, as condições de trabalho, as estruturas de apoio a vendas e a organização como um todo necessitam estar adequados ao nível da receita a ser perseguida.

Mais adiante, no Capítulo 3 (Construção das Metas de Vendas), desenvolveremos esse assunto com maior profundidade. Por enquanto, basta entender que, nesta fase, é importante começar a pensar em "receita". Sem ela não se faz nada.

GERAÇÃO DE CAIXA

Muitas empresas ainda acreditam que tendo vendas terão caixa. Ledo engano, tão grave que até lhes pode antecipar o "dia do juízo final".

Todos sabemos que sem vendas não há caixa, mas dependendo do prazo de recebimento das suas vendas, você pode vender e não ter caixa.

"Caixa" é um dos temas mais importantes na vida das empresas, pois ele define o nível de sua "saúde financeira".

Obrigatoriamente, o caixa precisa ser sempre o tema principal a nortear as decisões comerciais de qualquer empresa – pequena, média ou grande – de forma a garantir a liquidação de seus compromissos com colaboradores, fornecedores, acionistas, de suas obrigações fiscais e tributárias. É, também, responsável pela viabilização – ou não! – dos programas de desenvolvimento e crescimento da empresa, o que só será possível com um fluxo de recebimentos suficientemente capaz de gerar saldo financeiro que atenda a todas as necessidades e objetivos do negócio.

> Muitas empresas ainda acreditam que tendo vendas terão caixa. Ledo engano, tão grave que até lhes pode antecipar o "dia do juízo final".

Vamos além. Vender é uma coisa, ter lucro, ter caixa, é outra bem diferente. Ter lucro é um dos grandes desafios para as empresas hoje em dia. Daí a necessidade de se investir em treinamento de vendas e ter uma equipe, no mínimo, preparada para não perder vendas por preço.

Lembre-se, vender é fácil – é só baixar o preço que vende! Porém, uma empresa que vender sem lucro quebrará!

No Capítulo 3 também abordaremos algumas fórmulas para **acelerar** o fluxo de caixa.

> Vender é uma coisa, ter lucro, ter caixa, é outra bem diferente.

CUSTOS DE VENDAS

Entendendo a remuneração da estrutura comercial (comissões + prêmios) como custo variável e direto de vendas, esta deve ser analisada percentualmente sobre a receita a ser gerada. Não existe um percentual "universal" como padrão de referência. Muitos nos perguntam após as palestras: qual seria a comissão ideal para remunerar a equipe? Dadas as diferenças entre mercados, produtos, empresas, conceitos e formas de remuneração, é impossível ter uma receita pronta e definir um padrão.

Contudo, as variáveis (comissões e prêmios) serão sempre consequência da relação entre **custo de comercialização** e **volume de vendas**. Por isso, entre outras, duas situações podem ocorrer: a remuneração aumentar e o custo (% das vendas) diminuir, em função de um maior aumento das vendas, ou o custo aumentar por crescimento de vendas inferior ao da remuneração.

Os valores a apurar devem estar compatíveis com uma evolução de ganho das estruturas, referenciado ao da última campanha e em níveis semelhantes aos de mercado. Sempre que possível esses valores devem estar 10 ou 15% acima da concorrência para termos mais condições de *dificultar* eventuais investidas sobre nosso quadro de vendas e, assim, evitarmos o *turnover*, principalmente em nossas "forças A". Além disso, também atraímos vendedores bons por estarmos pagando a maior remuneração do mercado.

Nunca faça economia com vendedor, pois é ele que lhe traz clientes, vendas, lucros e caixa. É melhor pagar a um vendedor R$ 2.000,00 por mês e ele lhe trazer milhares de reais em vendas do que "economizar" pagando R$ 1.000,00 a um vendedor que não venderá quase nada.

Veremos mais detalhes sobre esse assunto no Capítulo 4 (Remuneração da Estrutura de Vendas).

CAPÍTULO 3

Construção das
METAS DE VENDAS

Após a análise do histórico das vendas e definidos os macro objetivos, as políticas e premissas que devem regular o desenvolvimento da campanha, estão criadas as condições para estudo e definição das metas a serem perseguidas e das estratégias a serem implementadas.

Para facilitar a aplicação ao seu negócio, vamos desdobrar a construção das metas em 8 etapas:

✓ BASE DE DADOS
✓ MERCADO A TRABALHAR
✓ CURVA ABC DE MERCADO
✓ CANAIS DE VENDAS
✓ METAS DE VENDAS
✓ O RISCO DAS METAS ALEATÓRIAS
✓ FLUXO DE CAIXA
✓ ESTRUTURA DE VENDAS

BASE DE DADOS

É um dos mais importantes ativos de qualquer empresa. É a única e melhor ferramenta capaz de armazenar e tratar todos os dados e informações privilegiadas de vendas, permitindo, entre outros, identificar, segmentar e quantificar clientes. Com uma adequada base de dados podemos segmentar mercados, produtos, regiões e, a partir daí, planejar, controlar e avaliar resultados qualitativos e quantitativos das próximas vendas, implementar estratégias, corrigir desvios de vendas, simular e antecipar tendências e, assim, atender à dinâmica de qualquer CAMPANHA DE VENDAS.

Pelo seu valor e importância, todas as informações do mercado e das vendas precisam ser sistematicamente trabalhadas, compiladas e organizadas de forma que possam gerar respostas rápidas e informações atualizadas e confiáveis. Portanto, é necessário que a base de dados seja desenvolvida de forma sinérgica entre as áreas comercial e de TI da empresa, permitindo o registro de todas as informações necessárias, e formatada de forma a poder gerar relatórios e controles dinâmicos e atualizados das vendas e do caixa, conforme as necessidades da área comercial.

Um bom banco de dados também é essencial para ações de marketing, como e-mail marketing, malas diretas, telemarketing e eventos que visem alavancar vendas. Com um bom banco de dados e uma boa equipe de vendas chegaremos a nossas metas!

O ideal é que você tenha alguém na empresa para se dedicar exclusivamente ao banco de dados. Se não puder contratar, sugerimos terceirizar o serviço a alguma empresa especializada. Pode ter certeza de que as vendas resultantes desse banco de dados pagarão os custos e ainda sobrarão lucros.

Atenção:
Não confunda "base de dados"
com "relação de nomes"!

MERCADO A TRABALHAR

Não é novidade para ninguém que o nosso Brasil é um país continental, uma oportunidade gigantesca de novos negócios.

Brasil, um país de oportunidades

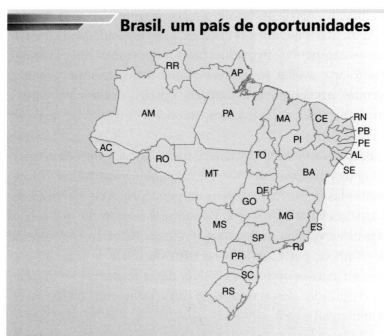

- 26 estados, 1 distrito federal;
- 5.570 municípios (2016);
- 204,5 milhões de habitantes (2015);
- 8.516.000 km² (o quinto país mais extenso do mundo, superado apenas por Rússia, Canadá, China e Estados Unidos);
- entre as dez maiores economias do planeta (2016).

Mesmo assim, muitas empresas não percebem toda essa dimensão como oportunidades de negócios – sofrem, disputam clientes em mercados saturados de concorrentes e ficam reféns de clientes que só querem vantagens e não geram lucro. Enquanto isso, em outras cidades, em outros estados, há mercados novos, prontos para serem explorados.

Mas como vender para ou em outros estados?

Hoje, com o fácil acesso à tecnologia, muitos obstáculos que antigamente emperravam as vendas à distância podem ser facilmente administrados online, por exemplo, via internet. As fronteiras foram derrubadas e o setor de logística também evoluiu muito, tornando simples e fácil o envio de produtos comercializados. O que antes era uma complicação, hoje se resolve de forma simples e segura, não sendo mais um impedimento ao alargamento de nosso território de trabalho.

Ao dimensionar o mercado que temos para trabalhar, precisamos pensar em termos de Brasil como um todo, pois neste exato momento há alguém em outro estado precisando de seu produto ou serviço – e se você não estiver lá, esse alguém comprará de um concorrente seu.

Como nem todas as empresas ou consumidores são iguais, o retorno, o resultado, pode ser diferente. Daí a necessidade de identificar e qualificar geograficamente as empresas, agrupando-as em conjuntos idênticos, como mostraremos a seguir.

Na base de dados, com todas as informações conti-

> **Resumindo:**
>
> Podemos definir mercado como o conjunto de todas as empresas ou consumidores finais, localizados no espaço geográfico onde podemos ou queremos atuar e que usam, ou podem usar, nosso produto ou serviço.

das no histórico de vendas, podemos identificar quem compra o que, quanto compra, quando compra, sua localização geográfica, qual o retorno de seus pedidos etc.

Isso nos permite selecionar as regiões de maior potencial e, a partir daí, "clonar" clientes e potenciais clientes (*prospects*). Com isso, podemos construir conjuntos ou segmentos iguais que, uma vez localizados, identificados, quantificados e valorizados, serão a base para definir o mercado que pode/deve ser trabalhado. Por exemplo: sua base de dados deverá possibilitar a distribuição de seus clientes atuais por produto, região e faixas de volume de compra de uma forma bem simples:

Nº DE CLIENTES POR R$ DE VENDA				
Produto	Região	até 10.000	de 10.001 a 15.000	de 15.001 até 20.000
X	A	500	300	100
	B	350	120	80
Y	A	170	70	30
	B	420	150	110
	C	280	130	60

Assim, a qualificação dos clientes atuais por mercado, produtos, regiões e volume de vendas deverá servir de base para a projeção dos resultados possíveis de serem alcançados com o trabalho com clientes potenciais, "clones" dos atuais clientes, avaliando, por exemplo:

❖ as regiões e produtos com maior potencial de desenvolvimento;
❖ as possibilidades de crescimento na participação de mercado por produto e/ou região;
❖ o potencial de geração de receita com os novos clientes;
❖ as estratégias a serem empregadas para maximizar o resultado por produto/região;
❖ os canais de vendas recomendáveis e
❖ o investimento direcionado para cada região/produto.

Mas não se esqueça de que sua base de dados também deve disponibilizar informações segmentadas sobre seus clientes inativos, que há alguns meses não compram e poderão voltar a comprar, representando uma importante fonte de receita para sua empresa.

Provavelmente seus ex-clientes não deixaram de "precisar" do seu produto, mas passaram a comprar de seus concorrentes! Leve em consideração alguns fatores que podem fazer toda a diferença para torná-los ativos novamente, como:

- ❖ Qual foi o real motivo por que deixaram de comprar?
- ❖ Qual vendedor terá o melhor perfil para abordar esse tipo de cliente?
- ❖ Qual o argumento e o "discurso" a serem usados?
- ❖ Há alguma promoção diferenciada e específica para esse grupo de clientes?
- ❖ A análise do potencial de cada cliente demonstrou que vale a pena recuperar esse cliente?
- ❖ Quais as estratégias de marketing a serem usadas para atingir esse grupo?

Enfim, avalie criteriosamente qual a melhor oportunidade e forma de recuperar os clientes inativos, se possível com uma campanha específica, pois eles podem representar um bom aumento em seu faturamento, se voltarem a comprar.

> **Dicas de Vendas:**
>
> Fizemos uma campanha para ex-clientes de uma empresa e utilizamos nas abordagens os depoimentos de atuais clientes que estavam satisfeitos. Conseguimos recuperar **32%** dos ex-clientes!

CURVA *ABC* DE MERCADO

A "curva *ABC*" de mercado nada mais é do que uma forma de classificar, por potencial, os clientes e "possíveis clientes" de nossa base de dados. Por exemplo: se pensarmos em termos das características "alta/média/baixa adequação de nosso produto ou serviço às necessidades do cliente" e "grande/médio/pequeno porte (tamanho da empresa)", *qual será o mercado A?*

Obviamente, nosso mercado A serão as empresas de alta adequação de nosso produto ou serviço e de grande e médio portes.

E qual será nosso mercado B? Será o que reunir as empresas de média adequação ou necessidade do nosso produto ou serviço, ainda que de portes grande e médio.

Por fim, e qual será o mercado C? Esse mercado reunirá as empresas de baixa adequação ou necessidade de nosso produto, independentemente de seu porte.

Resumindo:

Pela "curva *ABC*" de mercado, fica fácil definir os mercados a trabalhar prioritariamente, em função do potencial de retorno.

Como vimos, o mercado *A* será o de maior potencial para geração de negócios, enquanto o mercado *B* será o de potencial médio e o *C*, o de menor potencial, mas não menos importante.

NICOELNINO/SHUTTERSTOCK

Canais de Venda

Canais de venda são meios, sistemas ou formas de vender ao mercado. Dentre eles, temos os canais alternativos, ou seja, venda por meio de:

* representantes comerciais autônomos;
* vendedores em regime de CLT;
* vendedores internos;
* distribuidores;
* internet, mala direta, catálogo etc.

As diferenças entre esses canais são, essencialmente, de capacidade de geração de negócios, em função de: ticket médio, produtividade, custo × retorno.

E como escolher os canais de vendas e os mercados em que cada um deve trabalhar?

A base de dados nos indica os mercados de alto, médio e baixo retorno, já segmentados pela "curva ABC" de mercado, conforme vimos. Recomenda-se, portanto, em função da adequação de cada um ao potencial de compra e ao retorno de cada segmento, atribuir às equipes de "campo" as faixas de mercado de maior retorno, ao "televendas" as de retorno médio e aos demais canais as de menor retorno.

Com base nesse conceito, e ainda que teoricamente, é comum atribuir a responsabilidade às equipes de "campo" e ao "televendas" da seguinte forma:

* "campo" – responsável por 80% da receita, centrada em 20% dos clientes,
* "televendas" – responsável por 20% da receita centrada em 80% dos clientes.

Esse é um conceito genérico, não uma verdade absoluta, pois poderão existir variações de acordo com as particularidades de cada empresa. Mas essa proporção 80 × 20 é encontrada com frequência em muitas grandes empresas.

Vale ressaltar que o trânsito crescente e caótico nas grandes cidades torna cada vez mais alto o custo para visitar clientes. Por isso, o telefone vem sendo utilizado cada vez mais como ferramenta de vendas. Existem alguns mitos a respeito da venda por telefone, mas podemos afirmar que tudo o que se vende pessoalmente pode também ser vendido por telefone. Dependerá apenas da estratégia e de técnica*.

---

* Para saber mais sobre esse canal de vendas tão importante, leia também o livro *Como Vender por Telefone*, de César Frazão, publicado pela editora HARBRA.

Metas de Venda

As metas de vendas devem ser o resultado final da somatória dos objetivos construídos para cada um dos canais de vendas que participarão da campanha.

Sabendo que os canais de venda "campo" e "televendas" são os de maior responsabilidade na geração da receita, é neles que vamos nos concentrar, sem que isso signifique menosprezo pelas demais alternativas de abordagem do mercado.

Como vimos no tema anterior, o canal "campo" deve trabalhar o mercado A, já quantificado entre clientes e *prospects*, e o mercado B deverá ser trabalhado pelo canal "televendas".

Lembrando que o potencial dos mercados A e B é, qualitativamente diferente, o retorno de cada um não será idêntico, razão pela qual devem ser tratados individualmente.

Para o segmento "clientes atuais", o estabelecimento das metas pode ser feito com base nos dados históricos de cada canal, como, por exemplo:

❖ perda de clientes (quantos, % do total e valor do ticket médio);
❖ aumento do valor médio de compra dos clientes remanescentes, que pode se dar, entre outros aspectos, pela compra:
  ➢ de maior quantidade de produtos atuais;
  ➢ de novos produtos;
  ➢ apenas vegetativa em função do aumento da tabela de preços;
  ➢ pela diminuição de descontos.

Quanto aos clientes em potencial, que poderão se tornar fonte de nova receita quando de sua conversão em "novos clientes", a sistemática a ser seguida para definir as metas de cada canal deve ter como referência o histórico de resultados de cada um nos mercados A e B quanto à porcentagem de transformação de *prospects* em clientes e o valor do ticket médio dos novos clientes, entre outros aspectos.

Mas não esqueça: os resultados históricos são apenas meras referências, que nos indicam como e em que percentual podemos projetar o crescimento das vendas. Aplique criatividade, arrojo e coragem, além de estratégias e táticas mais eficazes, para:

❖ maximizar a utilização dos recursos e meios disponíveis;
❖ investir em treinamento de vendas;
❖ manter elevada a motivação da equipe;
❖ dinamizar o sistema de remuneração da estrutura de vendas; e
❖ utilizar os controles da campanha, dia a dia, para tomadas de decisão.

**Nunca se conforme com resultados apenas iguais
ou somente um pouco melhores
do que os de ontem.**

**Em vendas, tudo o que está bom
pode ser melhorado!**

EXEMPLO

A seguir, um exemplo bem simples, sem sofisticação, de como estabelecer metas de vendas usando, apenas como referência, os dados históricos das vendas, a avaliação de novas oportunidades, as informações disponíveis na base de dados sobre o mercado e os concorrentes.

CANAL DE VENDAS: CAMPO		
Quantidade de clientes	Valor em R$	Valor médio de compra em R$
Carteira atual de clientes 200	1.000.000	5.000
Percentual de crescimento projetado 10%	100.000	
Novos clientes 50	125.000	2.500
Clientes inativos recuperados 30	60.000	2.000
META 280	1.285.000	4.589

CANAL DE VENDAS: TELEVENDAS		
Quantidade de clientes	Valor em R$	Valor médio de compra em R$
Carteira atual de clientes	500	300.000	600
Percentual de crescimento projetado	5%	15.000	
Novos clientes	100	50.000	500
Clientes inativos recuperados	80	32.000	400
META	680	397.000	583

META GLOBAL		
Meta	Clientes	Valor em R$
Campo + televendas	960	1.682.000,00

Nesse exemplo, a meta global mostra uma evolução dos resultados em:

❖ Clientes
  ➢ crescimento: 37,14% (de 700 para 960 clientes);
  ➢ contribuição de novos clientes: 150, equivalente a 15,62% do total de 960;
  ➢ contribuição de inativos recuperados: 110, representando 11,46% do total de 960.

❖ Vendas
  ➢ aumento: 29,38 %, de R$ 1.300.00,00 para R$ 1.682.000,00;
  ➢ participação de novos clientes: R$ 175.000 ou 10,40% do total de R$ 1.682.000,00;
  ➢ participação de inativos recuperados: R$ 92.000,00 ou 5,47% do total.

Seja coerente e ousado.
Partilhe com a equipe as metas e envolva todos nas vendas,
rumo a um objetivo fortemente definido.

O Risco das Metas Aleatórias

De acordo com o renomado consultor Marcos Pazzini em um artigo publicado na revista *Venda Mais*, edição 181, maio de 2009, é muito comum as empresas terem dificuldades para definir as metas de vendas de seus vendedores e representantes comerciais. Na maioria das vezes, aplicam, simploriamente, um percentual de crescimento sobre o ano anterior, o que pode ser bastante perigoso. Tome, por exemplo, uma região que vende pouco em relação ao seu potencial: se, simplesmente, aplicarmos um percentual de aumento sobre esse resultado, continuaremos tendo um desempenho inferior ao verdadeiro potencial. É como ter uma Ferrari "andando em primeira" com a estrada livre pela frente!

É preciso utilizar os diferentes indicadores de mercado para que possamos quantificar mais precisamente nosso mercado.

Existe, há algum tempo, o Índice de Potencial de Consumo por municípios, conhecido por IPC Maps (antigamente, IPC Target). Esse indicador apresenta a potencialidade de consumo dos mais de cinco mil municípios brasileiros, o que o torna uma ferramenta muito útil para auxiliar no estabelecimento das metas. Pazzini nos dá um exemplo da aplicação desse indicador: suponha que na cidade de São Paulo venderam-se 80.527 motos no ano passado, sendo 12.887 da marca X. Se, segundo o IPC Maps, o potencial de consumo dessa marca for de 9.548 motos, ou seja, no ano anterior venderam-se mais motos do que o potencial previsto, para este ano podemos estabelecer, no mínimo, a meta de 12.887 motos, número superior ao do IPC, embora igual ao do ano anterior. Agora, suponha que na cidade de Manaus com 8.857 motos vendidas no ano, apenas 29 foram da marca X, sendo o potencial de venda na região, segundo o IPC, de 885 unidades daquela motocicleta. A cota mínima para este ano poderá ser de 885 motos.

Na verdade, o conhecimento do potencial de mercado é mais uma informação realista e segura, muito importante na definição das metas de vendas.

FLUXO DE CAIXA

Temos constatado em várias empresas que existe a percepção de que a melhoria de caixa só se resolve com o aumento do volume de vendas.

Claro que, dependendo da situação, muitas vezes, esse é o único caminho. Contudo, nem sempre o esforço e o investimento necessários para vender mais são proporcionais às melhorias de caixa obtidas.

É preciso equilibrar as equações contas a pagar $\times$ contas a receber e vendas $\times$ lucro. Sua empresa pode ser campeã em vendas e, ainda assim, terminar o ano no vermelho! A relação quantidade de vendas e lucro nem sempre é uma relação direta, pois não necessariamente quanto mais se vende mais se lucra, assim também como gerar sobra de caixa nem sempre implica a obrigatoriedade de vender mais.

E como fazer para conseguir equacionar o fluxo de caixa?

Uma solução é promover vendas "à vista" e/ou com prazos de pagamento menores dos que os habitualmente praticados, sem que, com essa estratégia, se percam vendas.

Outra boa alternativa é mudar a curva de vendas dentro do mês, antecipando vendas. Suponha que, em sua empresa, 10% das vendas ocorram na 1ª semana e que 20% ocorram na 2ª semana. A mudança da curva de vendas poderia buscar vender 15% e 30% das vendas nas 1ª e 2ª semanas, respectivamente.

É claro que essas estratégias só são possíveis quando se tem uma equipe de vendas treinada e motivada – time que se comporta como "campeão", que se adapta rapidamente às mudanças sem reclamar, uma equipe comprometida com o o objetivo maior que é a meta final.

Cuidado:

sua empresa pode ser campeã em vendas e, ainda assim, terminar o ano no vermelho!

Em resumo, podemos melhorar nossos recursos de caixa:

❖ com incentivos ao cliente para encurtar o prazo médio de seus pagamentos;
❖ premiando a equipe pelas vendas à vista;
❖ gerando um maior volume de vendas nas duas primeiras semanas do mês;
❖ aumentando o volume global das vendas e gerenciando as despesas.

ESTRUTURA DE VENDAS

Vamos nos concentrar apenas nos canais de vendas "campo" e "televendas" por serem os principais.

Com base na quantidade de clientes e *prospects* a trabalhar, no *timing* da campanha e na produtividade esperada por vendedor para cada um dos canais é que iremos definir a quantidade de vendedores necessários. Por exemplo:

> *Timing da campanha* é o número de dias úteis do mês disponíveis para venda.

"Clientes" a trabalhar	1.000
Dias de campanha	100
"Clientes" a resolver/dia	10
"Clientes" a resolver/dia por vendedor	2
Quantidade de vendedores necessária	5

Assim, se a empresa tiver 5 vendedores, resolvendo 2 clientes por dia cada um deles, resolveremos os 10 clientes por dia, que é o objetivo. Quando falamos "resolver", estamos querendo dizer obter uma resposta positiva ou negativa do cliente. Aqui não conta os que ficam "em cima do muro".

Essa fórmula serve para quantificar o número de vendedores tanto para "campo" como para "televendas". A quantificação dos vendedores necessários para esses canais está apenas na produtividade (clientes resolvidos/dia), sendo que esse número sempre deverá ser maior no "televendas" do que no "campo", tanto no trabalho de "clientes" como no de *prospects*, face à maior qualificação dos clientes trabalhados pelo "televendas" e aos tempos de deslocamento em relação aos do "campo".

Imagine o cenário a seguir. Você é um gerente de vendas de uma multinacional que tem 20 mil clientes ativos para serem trabalhados em 200 dias úteis de janeiro a dezembro. Pela curva *ABC*, desses 20 mil clientes, você concluiu que 8 mil precisam ser atendidos por vendedores externos e 12 mil via "televendas". A produtividade de um vendedor externo, na situação atual, é de 2 entrevistas por dia. Já no "televendas" a produtividade é de 6 entrevistas por dia. Consideramos entrevista quando o vendedor fala efetivamente com quem, no cliente, tem poder de decisão. Nesse caso, quantos vendedores externos e internos você precisa para atender sua necessidade? Resposta: 20 vendedores externos e 10 no "televendas".

Resumindo:

A definição de vendedores por canal deve ser feita em função da velocidade de "resolução" diária de clientes por vendedor versus o número total de clientes versus o tempo de duração da campanha. Para os *prospects* deve-se aplicar a mesma equação, sabendo que:

❖ "campo" e "televendas" – a produtividade é maior na solução de *prospects* do que de "clientes";
❖ campo – a produtividade é menor do que no televendas tanto em clientes como em *prospects*.

CAPÍTULO 4

Remuneração da
ESTRUTURA DE VENDAS

O dinheiro não faz a felicidade.
Um homem com 10 milhões não é mais feliz
do que um homem com nove milhões.

Hobart Brown

É muito comum, em vendas, se dizer que "para ser bom, o negócio precisa satisfazer a todas as partes: cliente, empresa e vendedor".

Assim, a remuneração da estrutura de vendas deve estar sempre em consonância com os objetivos da empresa e os interesses do cliente e do vendedor, pois se remunerarmos os vendedores de forma inadequada eles ficarão desmotivados e a campanha terá poucas chances de dar certo.

Em contrapartida, se pagarmos demais, o custo para a empresa poderá ser proibitivo e desproporcional ao resultado das vendas, além de deixar os vendedores acomodados, na zona de conforto.

Gostaríamos que você levasse em consideração dois fatores importantes quando estiver pensando na remuneração da força de vendas:

1. Bons vendedores nunca estão desempregados e sempre ganham bem. Por isso, se não queremos perder os nossos para a concorrência, precisamos remunerá-los bem. Bons profissionais não trabalham por pouco dinheiro. Sabem seu valor, trazem resultados para a empresa, investem em si próprios e por isso querem e merecem ganhar bem. Isso vale também para atrair os melhores vendedores dos seus concorrentes para sua empresa. Se for possível, pague de 10% a 20% a mais que os concorrentes.

É importante e oportuno registrar que remunerar bem os vendedores não é pagar altos salários e, sim, oferecer-lhes percentuais de comissão que lhes permitam, pelo seu próprio esforço, profissionalismo e capacidade, atingir ganhos elevados.

Também o fato de pagar bem não significa que está pagando demais, pois tudo depende do resultado que o vendedor traz para a empresa.

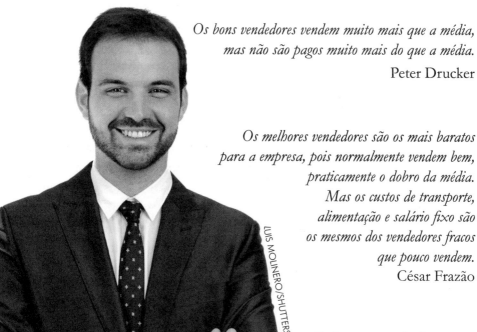

Os bons vendedores vendem muito mais que a média, mas não são pagos muito mais do que a média.
Peter Drucker

Os melhores vendedores são os mais baratos para a empresa, pois normalmente vendem bem, praticamente o dobro da média. Mas os custos de transporte, alimentação e salário fixo são os mesmos dos vendedores fracos que pouco vendem.
César Frazão

Os bons vendedores são os mais baratos para as EMPRESAS!

2. O dinheiro não é a única fonte de motivação para os vendedores, embora eles não assumam isso. Fatores como uma competição entre vendedores, estimulada por campeonatos internos, comemorações, reconhecimentos públicos, quando bem administrados por gerentes de vendas atuantes, costumam render tanto quanto ou muito mais do que o cheque no final do mês.

Não estamos dizendo que o dinheiro não é importante, mas estamos dizendo que dinheiro não é tudo, sugerindo que coloque os outros elementos na balança na hora de estabelecer as bases de comissão.

COMISSÕES

Em uma CAMPANHA DE VENDAS, se aplicarmos sobre as metas o percentual definido pela empresa como "comissão" desejável, encontraremos o valor em reais disponível para remunerar a estrutura e, ainda assim, preservaremos as margens de lucro. Por exemplo,

Meta de vendas	R$ 10.000,00
% definido para comissão	10%
Valor destinado à comissão	R$ 1.000,00

Nesse exemplo, 90% do valor da comissão poderia ser destinado para a comissão propriamente dita (levando-se em conta não só as vendas, mas também o fluxo de caixa) e os 10% restantes para premiações.

Se a empresa tiver como objetivo principal aumentar sua base de clientes além de, como é normal, preservar a receita atual, deve instituir uma comissão sobre vendas a novos clientes diferenciada da comissão sobre vendas aos atuais clientes. Vender para clientes novos geralmente requer mais trabalho do vendedor e é preciso que ele seja estimulado para isso; caso contrário, continuará vendendo sempre para os mesmos clientes.

Se você deseja aumentar as vendas, pode fazer isso principalmente de duas formas: vender mais para os clientes atuais (o que é difícil porque, às vezes, já estão saturados) ou vender para novos clientes. E caso não siga esta segunda opção, seu concorrente o fará por você...

Da mesma forma, se a melhoria do fluxo de caixa for também um objetivo importante nessa mesma campanha, deve haver uma comissão específica para esse fim.

Vamos retomar o exemplo da CAMPANHA DE VENDAS anterior. Podemos estabelecer para ela três taxas de comissão: sobre vendas aos atuais clientes, aos novos clientes e sobre o fluxo de caixa.

E como dividir o "bolo" de comissões entre os três tipos de trabalho?

É evidente que depende muito das prioridades e ênfase, ou peso, de cada um dos objetivos acima. Mas podemos estabelecer, por exemplo, que do valor destinado à comissão:

❖ 50% seja sobre vendas aos atuais clientes;
❖ 25% sobre vendas aos novos clientes; e
❖ 25% para o resultado do fluxo de caixa.

No entanto, se gerar caixa for prioritário em relação à conquista de novos clientes, podemos destinar que, da comissão,

❖ 50% seja sobre vendas aos atuais clientes;
❖ 15% sobre vendas aos novos clientes; e
❖ 35% para o resultado do fluxo de caixa.

Vejamos um exemplo da distribuição, priorizando gerar caixa:

Meta de vendas da empresa	R$ 1.200.000,00
Percentual definido para comissão dos vendedores	10%
Verba para comissão	R$ 120.000,00
PRÊMIOS (10% da verba para comissão)	R$ 12.000,00
COMISSÃO propriamente dita	R$ 108.000,00

Poderemos, então, dividir o total de R$ 108.000,00 como segue:

Para remunerar as vendas aos atuais clientes	50%	R$ 54.000,00
Sobre as vendas aos novos clientes	15%	R$ 16.200,00
Sobre o volume de caixa gerado dentro do período da campanha	35%	R$ 37.800,00

Supondo a seguinte CAMPANHA DE VENDAS:

Meta de vendas para atuais clientes	R$ 1.000.000,00
Meta de vendas para novos clientes	R$ 200.000,00
Meta para geração de caixa	R$ 675.000,00
Percentual definido para comissão dos vendedores	
relativo a atuais clientes	5,4%
relativo a novos clientes	8,0%
relativo à geração de caixa	5,6%

teríamos os seguintes valores de comissionamento aos vendedores:

RELATIVO A VENDA AOS ATUAIS CLIENTES	
Meta de vendas	R$ 1.000.000,00
Percentual definido para comissão dos vendedores	5,4%
Verba para comissão	R$ 54.000,00

RELATIVO A VENDA AOS NOVOS CLIENTES	
Meta de vendas	R$ 200.000,00
Percentual definido para comissão dos vendedores	8,0%
Verba para comissão	R$ 16.000,00

Relativo à Geração de Caixa	
Meta para geração de caixa	R$ 675.000,00
Percentual definido para comissão dos vendedores	5,6%
Verba para comissão	R$ 37.800,00

> A porcentagem de comissões deve sempre estar atrelada aos objetivos e às prioridades da empresa quanto à evolução da receita no segmento de clientes atuais, de novos clientes e à geração de caixa.

6 DICAS VALIOSAS

❖ Nunca tenha a tentação de fazer economia com a estrutura de vendas.

❖ Não se surpreenda se algum vendedor estiver ganhando mais do que você.

❖ Não se preocupe se seus vendedores estiverem ganhando muito bem. Se isso acontecer é porque eles estarão trazendo resultados acima da média e, por consequência, você também estará "ganhando" mais.

❖ Procure sempre dar possibilidades de ganho iguais para condições de trabalho também iguais.

❖ A diferença de ganho acontecerá, naturalmente, em função do desempenho e da capacitação de cada um.

❖ Seja transparente e não proteja ou favoreça vendedores "por baixo do pano". Cedo ou tarde alguém descobrirá e a sua credibilidade irá por água abaixo.

PREMIAÇÃO

> *A maior recompensa do nosso trabalho*
> *não é o que nos pagam por ele,*
> *mas aquilo em que ele nos transforma.*
> John Ruskin

Todo negócio, desde uma pequena empresa familiar até uma grande multinacional, pode e deve trabalhar com premiações, constantes ou eventuais, de acordo com uma necessidade específica. Em uma CAMPANHA DE VENDAS, ou até mesmo sistematicamente, essas premiações podem ser feitas em base:

- *diária:* com pequena premiação para o melhor vendedor do dia;
- *semanal:* premiando o melhor vendedor da semana;
- *mensal:* para premiar o campeão do mês;
- *anual:* também muito usada por grandes companhias, mas é uma forma perigosa se aplicada isoladamente, porque se, na metade da campanha, dois ou três vendedores se distanciarem muito, a maioria se desmotivará para continuar competindo.

Não é uma tarefa fácil motivar vendedores por meio de premiações, mas podemos garantir que vale a pena, pois eles atingem níveis de venda surpreendentes quando estão realmente motivados. E o inverso também é verdadeiro: vendedores desmotivados atingem níveis de venda cada vez menores.

Para garantir o sucesso de uma premiação é preciso que haja objetividade, clareza e transparência na sua divulgação e sustentação na empresa, por meio de cartazes, circulares, reuniões, mensagens e outros meios de comunicação. Se assim não for, muitos vendedores

podem deixar de competir, simplesmente por não entenderem as complexas regras que alguns *burocratas* possam ter criado inviabilizando, com elas, o objetivo principal da CAMPANHA DE VENDAS, que é motivar a equipe para as vendas.

É fundamental que se institua uma premiação que "mexa" com todos e não apenas com parte da equipe. Para isso, é preciso ter uma fantástica atenção aos detalhes. Lembro-me de uma convenção de vendas em que fomos convidados para fazer a palestra de encerramento. Um pouco antes de nossa fala, o gerente anunciou a premiação do próximo semestre: uma "linda e moderna esteira computadorizada". Até aí, tudo bem, mas de repente uma vendedora (das melhores), que devido a um acidente andava com auxílio permanente de muletas, levantou a mão e perguntou: "E para mim?". Um silêncio constrangedor tomou conta do salão da convenção.

SALÁRIO FIXO OU COMISSÃO?

Não é possível pescar peixe grande com isca pequena...
Anônimo

Pagar salário fixo ou comissão é uma eterna dúvida entre gerentes de vendas e pequenos empresários. Cada uma dessas opções tem vantagens e desvantagens.

A vantagem do salário fixo é que se consegue recrutar com facilidade vendedores e o *turnover* é menor. A desvantagem é que o salário fixo na maioria das vezes estimula o comodismo, fazendo com que os vendedores não se envolvam, não deem o máximo de si.

Quando, em lugar de salário fixo, temos vendedores comissionados, a remuneração é proporcional às vendas o que representa um menor custo para a empresa. Porém, a desvantagem em se pagar só comissão consiste principalmente na dificuldade em atrair bons vendedores, pois esse tipo de remuneração não passa muita credibilidade ao candidato. Além disso, outra desvantagem é que o vendedor pode enfrentar alguns meses de maré difícil, quando provavelmente suas contas pessoais acumularão e ele se verá em uma situação difícil, obrigado a buscar uma nova oportunidade de trabalho, o que gera rotatividade na equipe comercial.

O que fazer então?

Uma forma bastante comum adotada por muitas empresas é o misto das duas opções, juntando salário fixo (relativamente baixo) e comissão sobre as vendas. Assim, conseguimos dar um mínimo de segurança e estabilidade necessárias para tranquilizar os vendedores e, ao mesmo tempo, também oportunidades de altos ganhos como resultado das comissões sobre o que ele vender.

Outra opção para remunerar vendedores que, na nossa opinião, é muito inteligente e que está sendo utilizada por várias empresas multinacionais é o adiantamento por conta de comissão. Nesse caso, a empresa adianta ao vendedor, todos os meses, uma quantia preestabelecida como se fosse um salário fixo. Mas esse valor é descontado 100% das comissões do próximo mês. Dessa forma, a empresa não paga um salário fixo, porém dá ao vendedor uma garantia que, mesmo em determinado mês de vendas fracas, ele terá o mínimo assegurado para as despesas pessoais básicas dele e de sua família.

Ideias para Premiações

> *A dificuldade não está nas ideias novas,*
> *mas em escapar das antigas.*
> Lord Keynes

Recebemos sempre vários e-mails de clientes e leitores perguntando sobre como poderiam premiar suas equipes, além de com dinheiro. Cuidado: dinheiro é bom em alguns casos, mas nem sempre é o melhor prêmio a ser oferecido.

Um extraordinário supervisor de vendas de uma das maiores multinacionais do Brasil nos apresentou uma ideia muito interessante para premiar e motivar sua equipe: dentre os prêmios a que os vendedores teriam direito, de acordo com os pontos obtidos nas vendas, estavam bolsas femininas de uma marca famosa, perfumes, *videogames* e jogos eletrônicos. Obviamente, tais prêmios se destinam a esposa e filhos dos vendedores. Dessa forma, toda a família se envolve no processo, pergunta se falta muito para ganhar o prêmio e exerce uma saudável "pressão" sobre o vendedor!

Conheça outras formas de premiação comprovadamente de sucesso e que poderão lhe ser úteis*:

> **Cuidado:**
>
> dinheiro é bom em alguns casos, mas nem sempre é o melhor prêmio a ser oferecido.

- ❖ um jantar com direito a acompanhante;
- ❖ um aparelho de DVD;
- ❖ um eletrodoméstico;
- ❖ uma vaga no estacionamento da empresa por 30 dias;
- ❖ uma quantia em dinheiro;
- ❖ ir para casa por um dia com o carro do presidente;
- ❖ uma aventura radical do tipo rapel;
- ❖ um vale-compra para livre escolha do presente;
- ❖ a assinatura de uma revista;
- ❖ um livro;
- ❖ a participação em um seminário, palestra ou congresso;
- ❖ troféus e medalhas;
- ❖ a foto do vendedor do mês em um outdoor;
- ❖ homenagem em um anúncio de jornal;

---

* Recomendamos também que leiam os livros "1001 Ways to Reward Employees" (*1001 Maneiras de Premiar seus Colaboradores*, editora Sextante) e "1001 Ways to Energize Employees", ambos de Bob Nelson. Podem ser uma boa fonte de inspiração para motivar o pessoal o tempo todo.

- ❖ ser servido pelo presidente no jantar de confraternização;
- ❖ um corredor em que todos aplaudam o campeão;
- ❖ um dia ou tarde de folga;
- ❖ um passeio de helicóptero;
- ❖ ingressos para um show;
- ❖ um passeio de limusine pela cidade;
- ❖ um prêmio de alto valor (como carro ou moto);
- ❖ inscrição em um curso para liderança de vendas etc.

AMBIENTE COMPETITIVO

Somos responsáveis não só pelo que fazemos,
mas também pelo que deixamos de fazer!

Molière

Talvez você esteja se questionando: O que a competição tem a ver com a remuneração da estrutura de vendas?

É simples: uma vez que prêmios são parte integrante da remuneração, a competição é importante e precisa ser estimulada em uma CAMPANHA DE VENDAS. Caso contrário, os prêmios perderão o sentido e, com isso, o ânimo da equipe de vendas diminuirá – e em uma CAMPANHA DE VENDAS é preciso ter disputa, campeonatos, emoção.

Você pode organizar disputas em que as equipes de vendedores (ou os vendedores individualmente) concorram umas com as outras, como uma competição entre "caubóis" e "índios", por exemplo, ou entre "times de futebol".

Michael Schumacher, corredor alemão, várias vezes campeão da Fórmula 1, por exemplo, o que o motivava a correr? Era o dinheiro? Não, era o prazer de ganhar, era o prazer da vitória.

Que tal promover uma competição de Fórmula 1 entre os membros de sua equipe?

- ❖ Faça uma pista de corrida e coloque nela pequenos carrinhos com os nomes dos vendedores ou das equipes. À medida que os participantes

Parte 1 – Planejamento • 51

fecharem uma venda, movimente os carrinhos, progressivamente, em direção à linha de chegada, que representa a meta a ser atingida.

❖ Divida seu time em duplas, trios ou grupos. Monte times, dê nomes às equipes e promova uma competição de vendas entre elas para ver quem é o melhor time, dupla etc. Depois, troque os integrantes, mude os times e faça tudo de novo. Não deixe a rotina e o marasmo dominar sua equipe de vendas. Mantenha-os competitivos o tempo todo e suas vendas aumentarão!

> Atenção gerentes de vendas e supervisores: priorizem a **motivação** de sua equipe. **Sempre!**

Lembre-se:
o que garantirá o sucesso é o
estímulo saudável e constante de competição
entre os membros de sua equipe.

ANDRESR/SHUTTESTOCK

PARTE 2

EQUIPE

O maior patrimônio de qualquer empresa são as pessoas!

Vale Guimarães

O planejamento de vendas, por si só, não produz resultados – ele precisa ser executado.

E a responsabilidade de fazer as vendas acontecerem cabe aos profissionais que, além dos produtos ou serviços que vendem, têm a extraordinária condição de lidar com outros seres humanos e a capacidade de vender confiança, simpatia e de gerar lucros e qualidade de vida para seus clientes.

Apesar disso, ainda encontramos empresários que consideram, injusta e irresponsavelmente, os profissionais de vendas como "um mal necessário", esquecendo-se de que são eles que "carregam o piano", ou seja, que geram – com seu trabalho – a receita da empresa.

O maior patrimônio de qualquer organização são as pessoas. E o lucro em uma CAMPANHA DE VENDAS começa, sem dúvida, com a contratação certa!

Quem contrata vendedores de maneira errada e amadora pagará um preço no mínimo duas vezes mais alto: uma, porque não irá vender e outra, porque terá de contratar novamente após alguns meses, perdendo assim *tempo* e *dinheiro*.

CAPÍTULO 5

Perfil dos
PROFISSIONAIS

Uma pergunta que as empresas sempre fazem é "qual o perfil ideal de um bom vendedor?" Em quase todas as palestras que vou, sempre surge essa pergunta. "Qual é o ideal?" E eu digo que não existe perfil ideal. Isso é ilusão. Sabe por quê? Cada empresa tem suas necessidades. É preciso analisar os vendedores de nossa empresa, definir quem são os melhores e quais os piores, determinando as características que tanto uns quanto outros têm. Feito isso, teremos um mapa de habilidades e poderemos procurar no mercado de trabalho as pessoas que têm as habilidades necessárias ao nosso setor de vendas. Esse é o primeiro passo.

Não há regra pronta para escolher o melhor vendedor, pois vendedores que deram certo em determinada empresa podem não ter as mesmas características dos vendedores que deram certo em outra.

Algumas empresas podem precisar de vendedores rápidos, agressivos, ousados. Já outra pode precisar de vendedores altamente preparados, técnicos e educados. Nós precisamos olhar para a nossa realidade, olhar para a empresa e verificar quais são as características dos nossos melhores vendedores e buscar esse pessoal no mercado.

56 • O Poder das Campanhas de Vendas

Se a empresa já tem um quadro de vendas estabilizado, é com base no perfil de seus profissionais que deve recrutar novos colaboradores. Porém, em algumas situações, o lançamento de novos produtos, a diversificação de mercados, novos objetivos e/ou estratégias a serem implementados podem "obrigar" à definição de perfis diferenciados.

Caso a empresa esteja montando sua Campanha de Vendas, o perfil dos profissionais deve ser definido de acordo com: as características do mercado, a qualificação dos clientes que serão trabalhados, o tipo de produto ou serviço, o canal de vendas em que irão atuar (venda externa ou interna), entre outros aspectos.

O perfil de vendedor deve considerar também, entre outras capacidades: ética, equilíbrio emocional, iniciativa, automotivação, empatia/simpatia, criatividade, persistência, dinamismo/tônus vital, versatilidade e ambição. Dependendo do cenário, da situação de vendas, cada uma dessas capacidades é exigida em maior ou menor intensidade.

Já, facilidade de relacionamento, de comunicação, capacidade de argumentação e saber ouvir devem estar presentes em todas as situações.

Sem que signifique segregação, algumas situações específicas podem "obrigar" a que se leve em conta a idade e, às vezes, até mesmo o sexo do vendedor.

Um exemplo de seleção real, vivenciado por nós, envolvia uma empresa multinacional, nossa cliente:

❖ objetivo da Campanha de Vendas – aumentar a participação de mercado e o volume de vendas em condomínios, vendendo o produto do nosso cliente em substituição a um similar já instalado e em uso no mercado;
❖ investimento – considerável e superior à autonomia do síndico;
❖ intervenientes no processo de compra – a administradora do condomínio, o síndico e os condôminos;
❖ local da decisão – assembleia extraordinária de condôminos.

Perante esse cenário, a definição do perfil do vendedor deveria considerar o "tamanho" e a complexidade do desafio, a lentidão natural do processo decisório, o ambiente e o local da decisão e o horário das assembleias de condomínio.

Levando-se em conta todos os elementos, decidiu-se recrutar profissionais com as seguintes características:

- preferencialmente aposentados, na faixa de 50 e 60 anos;
- disponíveis para atender os horários das reuniões de condomínio (das 20 às 22 ou 23h);
- dotados de ética, empatia e simpatia, equilíbrio emocional, persistência e versatilidade.

A prática mostrou que o perfil definido foi adequado, tornando-se um fator não só importante como, em alguns momentos, determinante para o sucesso dos resultados.

CAPÍTULO 6

Onde encontrar
BONS VENDEDORES

Contratar novos vendedores também é uma etapa importante nas CAMPANHAS DE VENDAS, porque eles "animam" os veteranos. Mas como encontrar bons vendedores? Há várias formas, mas podemos listar 10 delas:

1. Sites de recolocação.
2. "Head Hunters" – esse é o termo utilizado para nomear profissionais que trabalham na busca e recolocação de executivos. Quando a vaga para vendedor for de alto nível, vale a pena a assessoria de um profissional da área.
3. Agências de emprego – possuem um vasto número de currículos. Outra vantagem em trabalhar com agências é que algumas cobram somente sobre o resultado, ou seja, você só irá pagar depois que a vaga for preenchida.
4. Campanhas de indicação – mais indicadas para empresas com um grande número de funcionários, em que se pode estimular a indicação de novos vendedores por meio de quadros de avisos ou memorandos.

5. Outros departamentos da empresa – às vezes, temos a pessoa certa em outras funções na empresa. Vale a pena analisar!

6. No ambiente informal – fique atento ao ambiente externo e aos lugares que frequenta, pois ali pode estar um talento escondido.

7. Placa "precisa-se" de vendedor – antigamente era mais frequente em portas de fábricas e recepções de grandes edifícios. Volte a usar esse recurso, dentro dos limites da segurança.

8. Murais de universidades – nos campi circulam milhares de pessoas todos os dias e, com certeza, entre eles há várias pessoas em busca de uma boa oportunidade de trabalho.

9. Escolas de teatro e teatros – são celeiros de talentos dispostos a trabalhar. Dependendo do produto ou serviço que se vende, a criatividade, a persuasão e a emoção que sobra a esse público farão a diferença em sua equipe de vendas.

10. Anúncios em jornal – esta é a mais tradicional das formas. Faça anúncios bem feitos, grandes e com imagens. Você não conseguirá pescar peixes grandes com iscas pequenas. Se deseja bons vendedores precisa investir em anúncios profissionais, com fotos, boas chamadas e excelente qualidade para chamar a atenção e tornar a concorrência irrelevante. Se necessário, contrate um especialista na área.

Capítulo 7

Como entrevistar os
Candidatos

Muitos gerentes não sabem entrevistar vendedores. Não usam um método com perguntas inteligentes e nem uma linha de raciocínio lógico com começo, meio e fim, realizando as entrevistas somente com base na intuição, o que nem sempre funciona...

Buscam *habilidade* e não *personalidade*. Durante a entrevista, nós temos de identificar a personalidade e não a habilidade. E nada substitui o antigo olho no olho. Testes psicológicos? Claro, eliminam os indesejáveis óbvios, mas só o teste não é suficiente.

Ao longo de anos, após entrevistar centenas de vendedores e nos aprofundarmos no assunto, chegamos a 10 perguntas básicas que, em geral, funcionam bem, cujas respostas dão uma boa noção sobre o candidato. Você não precisa segui-las à risca, mas deve adaptá-las para seu ramo de negócios:

1. **O que você mais aprecia em sua profissão?**
   (Para saber se o candidato gosta de ser vendedor.)

2. **O que você gostaria de estar fazendo daqui a cinco anos?**
   (A ideia é verificar se ele tem objetivo de vida, o que ele quer e se é automotivado.)

3. Qual é o seu ponto forte e o seu ponto fraco?

(Essa pergunta lhe dará informações sobre maturidade, autoconhecimento e experiência do candidato.)

4. Por que devo contratá-lo e não ao outro candidato que está disputando a mesma vaga?

(O propósito é verificar como ele se "vende", se sabe falar bem de si sem falar mal dos concorrentes, sua ética.)

5. Por que você saiu do seu último emprego?

(Além de outras coisas, essa pesquisa também serve para verificar a questão ética: se ele falar mal da outra empresa, é bem provável que irá falar mal da sua também quando sair... Precisamos de pessoas íntegras e corretas nas empresas.)

6. Como você tem se atualizado ultimamente?

(Para verificar a atualização e o conhecimento do candidato. Hoje, o conhecimento é um dos grandes patrimônios de uma empresa e o diferenciará dos concorrentes. Não é mais possível contratar pessoa que parou no tempo e que mal sabe redigir um e-mail ou falar corretamente ao telefone.)

7. O que mais lhe agrada na área de vendas?

(Essa pergunta deve ser sempre feita para saber se a pessoa está procurando emprego porque está precisando de dinheiro ou se é apaixonada por vendas. Contrate gente que goste de vender e tudo será mais fácil.)

8. Qual foi a maior falha profissional que já cometeu?

(Revela principalmente o grau de maturidade profissional, autocrítica e um pouco mais da sua experiência.)

9. Em sua opinião, qual é o seu maior defeito?

(Pergunta difícil de ser respondida, mas fundamental sobre a personalidade do candidato. Fique bem atento à resposta e explore mais a questão se julgar necessário.)

10. Qual é a sua experiência na profissão nos últimos anos?

(Esta deverá ser a última pergunta, porque devemos contratar pela personalidade e não pela habilidade. Qualquer empresa pode ensinar a vender, para isso é que existem programas de treinamento de vendas. Mas não se pode treinar a personalidade do candidato, não dá para treinar alguém a ser honesto, otimista, positivo etc.)

Normalmente, a última questão é a primeira que, com frequência, entrevistadores e gerentes fazem, o que não ajuda, pois o entrevistador pode ficar facilmente impactado e achar que está diante de um bom vendedor, esquecendo de explorar um pouco a personalidade do candidato, o que é muito importante para uma boa contratação.

O que menos importa é o que o candidato vendeu – eu quero contratar uma pessoa motivada, entusiasmada e preparada, com vontade e garra! Claro que se souber vender e tiver experiência, então melhor ainda! Mas e se não souber? Ensinamos, pois é para isso que existe treinamento de vendas.

Em tempo: não quero passar a imagem de que a experiência não é importante. Claro que é! E é desejável na contratação. Porém ela não deve ser o único quesito em análise no momento da entrevista.

PRODUCTION PERIG/SHUTTERSTOCK

CAPÍTULO 8

Avaliação de desempenho
INDIVIDUAL

Devemos procurar sempre o conselho daqueles que nos digam a
verdade sobre nós mesmos, ainda que a verdade nos doa.
Meros louvores não conduzem
ao aperfeiçoamento necessário.

Napoleon Hill

Se você se questionar por um instante sobre quem foi seu melhor gerente, provavelmente lembrará de alguém que em determinado momento lhe chamou atenção, corrigindo-o sobre alguma atitude que pudesse ser melhorada.

Mas cuidado! Existe uma linha muito sutil que separa o gerente firme do gerente tirano, e este está com os dias contados, pois empresas que quiserem vencer no século XXI precisam ter seus funcionários trabalhando como um time de verdade e não com um tirano no comando.

Então, como chamar a atenção de um vendedor sem parecer um carrasco?

Sendo coerente, sem se exaltar e com fatos concretos em mãos. Vá direto ao ponto, sem rodeios e seja claro. Nunca tenha medo do seu vendedor. Uma das piores coisas que pode acontecer a um gerente de vendas é **ficar refém do seu vendedor**.

Alguns gerentes têm medo de chamar a atenção do vendedor e perder a "amizade" dele ou da equipe, mas isso é um grande equívoco, pois a equipe falará mal do "GERENTE BANANA", daquele que não serve para nada além de ocupar uma vaga privilegiada no estacionamento.

Imagine a seguinte cena: um vendedor dá desconto demais para não perder a venda e compromete a lucratividade do negócio. Isso aconteceu em abril, mas o gerente não falou nada com medo de criar um clima ruim e acabar com a motivação desse vendedor. Porém, na convenção de vendas, que acontece todo final de ano, o gerente quer aproveitar a "oportunidade" para corrigir o vendedor e diz:

— *O Fulano, em abril, há oito meses, deu desconto demais, por falta de habilidade na negociação...*

E foi exatamente isso que presenciamos minutos antes de iniciar uma palestra no encerramento de uma grandiosa, luxuosa e caríssima convenção de vendas em um Resort na Bahia... De que adianta todo o investimento realizado em uma convenção se, na rotina do dia a dia, o gerente desastrado voltar a atacar?

É básico:

> Elogio se faz em público – e bem alto – e críticas se fazem em particular – e bem sério!

Capítulo 9

Modelo de Avaliação
Frazão

Fale sempre de qualquer pessoa como se ela estivesse presente!

Chiara Lubich

Ao longo de anos experimentamos vários tipos de avaliação e podemos assegurar que a maioria deles não atinge seus objetivos por não serem práticos nem abrangentes no sentido do que deve ser uma avaliação. Por isso, criamos o modelo "Frazão", que tem se mostrado muito útil para os gerentes de vendas por seus ótimos resultados.

Todas as empresas têm funcionários faixas A, B e C:

- ❖ A – são as estrelas, que precisamos cuidar e pagar bem;
- ❖ B – são os médios, a quem precisamos motivar e treinar para que possam vir a ser faixa A;
- ❖ C – são os fracos, que após treinamento e motivação não evoluem. Estes precisam, até, ser cortados.

Todos os vendedores têm pontos fortes e pontos a melhorar. Cabe a nós, líderes, apontá-los, elogiá-los, criticá-los e orientá-los. Nessa área, o líder de vendas tem três papéis fundamentais: treinar, mo-

66 • O PODER DAS CAMPANHAS DE VENDAS

tivar e avaliar. E é justamente nesse último ponto que muitos falham, alegando falta de tempo para fazê-lo. De agora em diante, não dê mais essa desculpa, pois o método de avaliação a seguir não demora mais do que cinco minutos por vendedor.

Nome:

Cargo:

Admissão:

Data da última avaliação: ____ / ____ / ____

Data atual: ____ / ____ / ____

Pontos fortes

Pontos a melhorar

Ações recomendadas

Ciente: _____

PASSO A PASSO DA AVALIAÇÃO

- ❖ Avalie o vendedor uma vez por mês.
- ❖ A avaliação deve ser clara e objetiva, indo direto ao ponto, sem rodeios.
- ❖ Preencha o cabeçalho.
- ❖ Pergunte ao vendedor quais são seus pontos fortes.
- ❖ Igualmente, pergunte a ele quais são seus pontos fracos.
- ❖ Oriente-o sobre como melhorar os pontos fracos e que ações deve tomar para isso.
- ❖ Peça ao vendedor para que ele indique em que faixa (A, B ou C) se vê.
- ❖ Se o vendedor estiver de acordo, peça a ele para assinar a avaliação.
- ❖ Marque dia e hora para a próxima avaliação.

BACHO/SHUTTERSTOCK

CAPÍTULO 10

Novas necessidades de
TREINAMENTOS

O diamante não pode ser polido sem fricção.
Nem o homem pode se aperfeiçoar sem sofrimento!
Provérbio chinês

Treinamento, hoje, nas empresas, não pode mais ser encarado como um luxo ou algo que se faz uma vez por ano em uma convenção de vendas. Treinar é uma necessidade. Precisamos ter, sempre, uma equipe comercial bem treinada, preparada e capaz de superar a concorrência, porque esta é forte e constantemente se prepara, se capacita.

Os produtos e serviços estão cada vez mais parecidos, portanto vai se destacar e sobreviver no mercado a empresa que tiver vendedores treinados e preparados para vender valor, benefícios, diferenciais de seus produtos ou serviços, e **não** preço baixo e desconto. Vendedores que não recebem um bom treinamento de vendas realizam fracas apresentações e, em geral, seu único argumento é o desconto.

Uma pesquisa realizada pela ASTD – Sociedade Americana de Treinamento e Desenvolvimento – demonstrou que empresas que tiveram uma política forte de investimento em treinamento – montando um programa estruturado, sério e de qualidade – apresentaram, durante quatro anos, um aumento na sua receita de 57%.

É óbvio que esse cenário está diretamente relacionado a treinamento de vendas, e essa é a nossa especialidade, pois fazemos esse trabalho há anos. E isso nos deixa bastante à vontade para darmos **sete dicas**, que o ajudarão a evitar armadilhas comuns e também a maximizar seus resultados.

7 DICAS SOBRE TREINAMENTO DE VENDAS

❖ Não acredite em sites, *folders* elaborados e conversas com palavras bonitas. Peça referência, ligue para empresas onde já foram feitos os treinamentos e converse diretamente com os gerentes de vendas para verificar se as vendas melhoraram após o treinamento. Pergunte ao gerente se ele contrataria aquele treinamento novamente.

❖ Não contrate treinamentos e palestrantes baseando-se exclusivamente no preço. Normalmente os mais baratos são os piores e em vez de ajudar, atrapalham. Você precisa decidir se quer uma palestra, um curso barato ou um que funcione. Os bons treinamentos pagam-se sozinhos com o aumento de vendas.

❖ Treinamentos de vendas devem ser constantes, diários. Treinar vendedores uma vez por ano na convenção é insuficiente. Opte por treinamentos curtos, com duração de 15 minutos todos os dias, e terá um bom começo. Se não for possível reunir a equipe todos os dias, como é o caso de muitas empresas que inclusive têm vendedores em outros estados, use a tecnologia disponível e faça esse treinamento via e-mail, celular, telefone ou conferência.

> Treinamentos de vendas devem ser constantes, diários.

❖ Não existe equipe de vendas forte com liderança fraca. Comece treinando primeiro seus supervisores e gerentes. Depois, os vendedores.

❖ O treinamento de vendas não é função do RH, mas sim do líder de vendas. Não aceite jogar tudo sobre esse departamento. A função do RH moderno e atuante é fornecer suporte e dar apoio ao treinamento, mas a responsabilidade maior é do líder de vendas. É muito confortável para um gerente se explicar, dizendo: "Mas a empresa não faz nada, o RH não treina..."

❖ Treine coisas simples com seus vendedores, como: planejamento, abordagens, benefícios, negociação, técnicas de vendas e de fechamento, pós-venda, produtos/serviços e atendimento a clientes. Os vendedores erram nas coisas básicas.

❖ Não caia na rotina, diversifique as formas de treinamento com livros, revistas, DVDs, simulações, estudos de casos etc.

O mercado hoje é muito, muito competitivo, com produtos e serviços cada vez mais parecidos. Para não cair na guerra de preços e conseguir vender um produto parecido com o do concorrente por um preço mais alto, a solução é os vendedores saberem argumentar e isso se aprende em treinamentos de vendas.

Invista em treinamentos de vendas, isso não é mais uma questão de opção, mas de sobrevivência no mundo dos negócios.

CAPÍTULO 11

Turnover com ÉTICA

Jack Welch (o executivo do século, ex-CEO da GE) diz que todas as empresas possuem funcionários faixas A, B e C. Os funcionários "FAIXA A" são os "tops". Aquela relação que nos gráficos apontamos como 20/80 (vinte por cento dos vendedores que trazem 80% da receita). Precisamos cuidar bem a fim de não perdê-los para a concorrência. São os "Ronaldinhos" da nossa equipe.

Temos também a turma "FAIXA B", que são os medianos, que produzem mais quantidade do que qualidade. Esses medianos precisam ser treinados para, na medida do possível, se tornarem faixa A. E, com isso, a empresa cresce.

Toda empresa também tem funcionários "FAIXA C". São aqueles que não têm bom desempenho, que não apresentam boa performance, que não contribuem para a equipe. Normalmente, eles representam 10% do time. Jack diz: "Livre-se deles, caso contrário comprometerá toda a organização!".

Você pode estar pensando: *"Mas isso é ser muito rude, é ser sem coração!"*. Porém, o problema *não* é demitir, mas sim demitir sem ter dialogado com o vendedor, sem ter lhe oferecido uma chance para mudar. Para evitar esses inconvenientes, é fundamental uma avaliação periódica dos vendedores, ocasião em que se poderá orientar esse colaborador sobre seu desempenho.

Suponha, por exemplo, que um gerente tenha avaliado um vendedor e deixado bem claro que ele chega atrasado com frequência em todas as reuniões e também que não apresenta uma postura adequada com relação ao uso do telefone. Na avaliação, esse gerente assegurou ao vendedor que, se não mudasse, seria demitido.

Passam-se um, dois e até três meses e o gerente continua a fazer essas observações nas avaliações periódicas; no entanto, o vendedor não muda de atitude. A pergunta a ser feita é: se o gerente demitir esse vendedor, estará sendo rude ou sem coração? A resposta é: claro que não. Ele deu todas as chances que podia e mesmo assim o vendedor não mudou.

Ninguém consegue ajudar a quem não quer ser ajudado.

Resumindo:

- ❖ Não demita seu vendedor sem antes lhe dar uma nova chance.
- ❖ Não demita seu vendedor sem antes dizer, direta e francamente, os verdadeiros motivos da demissão.
- ❖ Use as avaliações e os resultados obtidos pelo vendedor para lhe demonstrar o porquê de sua demissão.
- ❖ Mostre-lhe que oportunidades foram dadas, mas a evolução não aconteceu.
- ❖ Tenha disciplina e avalie os vendedores periodicamente.

MARKUS MAINKA/SHUTTERSTOCK

CAPÍTULO 12

Equipes de Vendas
PRÓPRIAS OU AUTÔNOMAS?

A representação nada mais é do que a terceirização da força de vendas. O representante autônomo é um parceiro estratégico da empresa representada, uma importante força para o departamento de vendas, e está sendo cada vez mais procurado em virtude dos altos custos advindos do registro de um vendedor pela Consolidação das Leis do Trabalho (CLT).

Há alguns anos, a cada dez empresas que me contratavam para dar treinamento de vendas, sete tinham vendedores registrados.

Hoje, esse cenário se inverteu, ou seja, de cada dez empresas, sete trabalham com representações e três possuem vendedores fixos.

A relação entre um representante comercial autônomo e a empresa que o contratou é uma relação de trabalho. Já o funcionário próprio ocupa um cargo dentro da empresa e isso constitui uma relação de emprego. A principal diferença entre a relação de trabalho e a relação de emprego é que na relação de trabalho prevalece a autonomia e na de emprego, a subordinação.

CONTRATO DE TRABALHO	CONTRATO DE EMPREGO
Relação de trabalho	Relação de emprego
⇩	⇩
Autonomia	Subordinação

No quadro abaixo, mostra-se a diferença no custo ao contratar um representante e um vendedor registrado.

CUSTOS EM FUNÇÃO DA ATIVIDADE PRESTADA	
Representante Comercial Segundo a Lei 4886/65	Vendedor Segundo a CLT
❖ Comissões. ❖ Aviso prévio. ❖ Indenização 1/12 ou 1/20.	❖ Salário fixo. ❖ Comissões. ❖ Descanso semanal remunerado sobre comissões. ❖ 13º salário. ❖ FGTS + multa 50%. ❖ Férias + 1/3. ❖ Aviso prévio. ❖ Reembolso de despesas. ❖ Vales. ❖ Equiparação salarial. ❖ Dissídio da categoria.

GIANLUCA CIRO TANCREDI/SHUTTERSTOCK

Como toda decisão empresarial, e esta não poderia ser diferente, é preciso pensar cautelosamente e analisar os fatos para se tomar a melhor decisão. Você, melhor do que ninguém, conhece suas necessidades, limitações e ambições; portanto, cabe única e exclusivamente a você a decisão final sobre a escolha do tipo de representante a contratar e, para essa decisão, quanto mais informações tiver, melhor!

Lembre-se: o lucro em uma empresa começa com a contratação certa. Quem contrata representantes ou vendedores de maneira errada perderá duas vezes: uma vez, por não realizar vendas e, uma segunda vez, pois terá de contratar um novo daqui a alguns meses, perdendo assim tempo e dinheiro.

Então, qual a melhor opção: vendedores ou representantes autônomos?

A resposta é: depende! Ainda que as vantagens financeiras para se contratar um representante comercial autônomo sejam maiores em comparação a um vendedor em regime CLT, não existe um modelo melhor ou pior. Cada empresa possui suas particularidades, objetivos e cultura organizacionais próprios e únicos, que devem ser levados em consideração na escolha.

Deve-se estudar, planejar, consultar opiniões e modelos de negócios e testar para ver qual se adapta melhor à sua empresa, evitando assim copiar modelos prontos. Porque nem sempre o que dá certo em determinada empresa dará certo na sua, e vice-versa.

Há ainda a possibilidade de ter os dois; por exemplo, vendedores próprios e registrados em uma cidade e em outras cidades e estados trabalhar com representantes.

Gestão por Representação Comercial	
Vantagens	Desvantagens
❖ Redução de custos trabalhistas em relação ao vendedor em regime de CLT. ❖ Facilidade de expansão com vendas em outros estados. ❖ Aumento da força de vendas praticamente sem custo adicional.	❖ O nível de controle jamais será igual àquele sobre um vendedor em regime CLT. ❖ Dificuldade em manter treinamento e motivação devido à distância e falta de obrigatoriedade.

**Enfim, não existe certo ou errado.
"Cada escolha é uma renúncia.
Essa é a vida."**

TESTE RÁPIDO PARA AJUDAR NA DECISÃO

1. Seu produto tem mercado em todo o Brasil?

2. Neste exato momento, alguém, em outra cidade, poderia estar comprando seu produto se tivesse um representante comercial oferecendo a mercadoria?

3. Sua empresa e você estão dispostos a dedicar tempo e dinheiro na criação de uma estrutura para administrar representantes?

4. Sua empresa consegue trabalhar com um sistema de baixa pressão e cobrança sobre as vendas?

5. Existe uma pessoa disponível para selecionar e contratar de maneira profissional os representantes?

6. Em caso de aumento de vendas, você está preparado para atender novos clientes com qualidade?

As respostas a essas perguntas o ajudarão a refletir sobre qual método de vendas deve escolher para sua empresa: o de representantes comerciais autônomos ou o de funcionários contratados.

Uma dúvida comum: pode-se demitir um vendedor registrado e contratá-lo como representante autônomo? A empresa pode, sim, demitir um vendedor e contratá-lo novamente como representante, mas desde que respeitado um prazo mínimo de seis meses, estipulado por lei. Isso acontece frequentemente nas empresas em que há necessidade de diminuir os custos com encargos trabalhistas.

Parte 3

Controles

Somente é possível melhorar o que pode ser medido e parametrizado.

Vale Guimarães

Capítulo 13

Controles de
Vendas

**Sabe qual é a ferramenta capaz
de mostrar problemas e/ou oportunidades,
evidenciar as causas de eventuais desvios e
subsidiar a análise de alternativas
para mudança de resultados?**

São os controles. Por quê?

Porque toda a Campanha de Vendas é dinâmica, já que situações externas e internas podem interferir, até surpreendentemente, nos resultados, como, por exemplo:

❖ dinâmica do mercado;
❖ ações da concorrência;
❖ preparo técnico e estado psicológico da equipe;
❖ "erros" de estratégia;
❖ metas e objetivos sub ou superdimensionados.

Se a interferência de uma ou de várias dessas situações estiverem provocando desvios de resultados em relação aos planejados, positivos ou negativos, torna-se necessário tomar medidas para aproveitamento ou reversão dos mesmos.

E é nos controles que vamos encontrar as informações necessárias para, por exemplo:

* subsidiar tomada de decisões para mudança de rumos;
* possibilitar a reformulação de estratégias;
* simular tendências de resultados;
* aumentar vendas.

O QUE DEVE SER CONTROLADO?

Em uma CAMPANHA DE VENDAS deve-se, pelo menos, controlar:

* os resultados totais qualitativos por canal de vendas;
* as performances individuais e coletivas;
* os resultados por produto, segmento de mercado, região etc.;
* o fluxo de caixa;
* o desenvolvimento de ganhos da estrutura;
* o comportamento dos custos de comercialização;
* a compatibilidade do *timing* versus os resultados a realizar, levando em conta os mercados trabalhados, os clientes atuais e os *prospects*.

COM QUE PERIODICIDADE DEVEM SER FEITOS OS CONTROLES?

Dependendo dos temas envolvidos e segundo as necessidades, os controles podem ser diários, semanais e/ou mensais. A decisão deve sempre levar em conta as informações sobre vendas que constam na "base de dados".

É fundamental para a correta tomada de decisões que o líder tenha em mãos dados numéricos atualizados. Caso contrário, a correria do dia a dia pode levá-lo a tomar decisões precipitadas, personalizadas ou muito mais emocionais do que racionais. Não que a emoção deva ficar fora, mas é um perigo se as decisões forem, essencialmente, baseadas nela.

Contra Fatos não Há Argumentos

Essa é uma frase popular e, em se tratando da gestão de vendas e da sua estrutura, é uma verdade absoluta.

Para um fácil e produtivo uso dos controles é importante que eles sejam simples, quanto mais simples melhor. Mas não confunda simplicidade com ineficiência. Você pode ser simples e competente. Esse é o ponto.

Esteja certo de uma coisa: não importa o tipo de controle que usar. O importante é não deixar a informação se perder. Seja um obstinado por informações e não abra mão de ter, todas as manhãs em sua mesa, relatórios atualizados, tanto quantitativos como qualitativos, das vendas do dia anterior e do acumulado, nem que para isso você precise organizar os turnos de trabalho de alguns setores ou colaboradores.

Mas atenção!

Por favor, não crie controles inúteis apenas para encher sua mesa de papelada, ou para esgotar a capacidade de memória de seu computador. Leia-os, analise-os, conclua e atue de acordo com o que os controles lhe mostrarem.
Não esqueça! Eles são a sua grande "ferramenta" e seus maiores aliados na busca do sucesso.

Exemplos de Controles de Vendas

Controles de vendas universais (de prateleira), não customizados, dificilmente atenderão às necessidades de forma plena. Eles devem ser específicos e personalizados de acordo com a necessidade de cada empresa, já que podem variar, entre outras situações:

❖ os objetivos e prioridades da organização;
❖ os mercados em que atua;
❖ a atividade da empresa;

os produtos/serviços que comercializa;
os canais e a estrutura de vendas que utiliza;
o maior ou menor detalhamento do planejamento das vendas.

Por toda essa gama de especificidades, não nos permitimos "formatar" aqui, qualquer controle. Limitamo-nos apenas a dar algumas sugestões que poderão ser consideradas na criação, por exemplo, de controles de resultados de vendas, de caixa, produtividade e vendas versus metas planejadas.

CONTROLE DE RESULTADOS DE VENDAS

Registre os resultados quantitativos e qualitativos globais, considerando:

- quantidade, valores em R$ e ticket médio dos:
  - clientes trabalhados,
  - clientes mantidos;

- quantidades e valores usualmente comprados pelos clientes menos quantidades e valores comprados atualmente = quantidades e valores perdidos.

- quantidade de:
  - *prospects* trabalhados,
  - novos clientes;

- percentual de novos clientes × *prospects* trabalhados.

- participação percentual de cada produto no total das vendas.

As mesmas informações devem estar disponíveis por canal de vendas e, em cada um destes, por vendedor com sua respectiva produtividade. Os controles devem evidenciar os resultados diários e os acumulados. Veja exemplo a seguir.

KPG_PAYLESS/SHUTTERSTOCK

	CLIENTES	%	VALOR (R$)	%	VALOR MÉDIO (R$)
Carteira atual	500	100,0	1.000.000,00	100,0	2.000,00
Clientes perdidos	25	5,0	20.000,00	2,0	800,00
Clientes mantidos	475	95,0	980.000,00	98,0	2.063,00
Aumento*			39.200,00	4,0**	
Prospects trabalhados	1.000				
Novos clientes	100	10,0	120.000,00		1.200,00
TOTAL	575	+15,0	1.139.200,00	+13,9	1.981,00

* Não havendo aumento de preço, é a consequência da venda de mais produtos ou de maiores quantidades.

** % aumento sobre o valor em R$ dos clientes mantidos (R$ 39.200,00 : R$ 980.000,00).

Analisando esse controle, constatamos que: suas vendas em R$ aumentaram 13,9% e sua base de clientes cresceu 15%, apesar de terem sido perdidos 5% de clientes da atual carteira, equivalentes a 2% do volume de vendas.

Porém, o valor médio de compra da carteira renovada é maior (R$ 2.063,00) do que o da carteira trabalhada (R$ 2.000,00), já que os clientes perdidos eram os de menor valor médio de compra (R$ 800,00) e os clientes mantidos (475) aumentaram o valor de suas compras em 4%.

Além disso, a perda de 5% de seus clientes foi compensada pela entrada de 100 novos clientes. Estes, em média, compraram R$ 1.200,00, o que corresponde a 60% do valor médio de sua carteira original. Normalmente, se esses novos clientes tiverem um bom atendimento e um pós-venda eficaz, o valor de suas próximas compras deverá ter um aumento significativo.

Após a constatação dos resultados, torna-se necessário entender o que eles podem significar.

Sem pretendermos esgotar a totalidade de análises possíveis sobre o exemplo anterior, vamos destacar apenas mais alguns pontos relevantes:

1. O aumento do ticket médio dos clientes mantidos (R$ 2.063,00) sobre o valor anterior (R$ 2.000,00) é de apenas 3,15%.

   Motivos: Preço baixou? Oferta tímida dos vendedores (necessário treinamento)? Menor quantidade e diversidade de produtos vendidos por cliente?

   Descontos ou prazos de pagamentos reduzidos ou eliminados? Comissionamento dos vendedores na renovação e no aumento dos clientes da carteira diminui em valores ou formas?

2. A receita total cresceu 13,9% (R$ 1.139,20 : R$ 1.000,00), porém os clientes mantidos (980) contribuíram apenas com 1,9%, enquanto a receita dos novos clientes representou 12,0% da carteira atual.

3. Sugerimos análise detalhada sobre a modesta evolução da receita dos clientes atuais e o estudo de ações e estratégias para melhoria da performance.

4. Quanto à captação de novos clientes no período do controle, os números mostram um apreciável potencial de crescimento, como uma taxa de 10,0% de conversão de *prospects* em clientes novos e um ticket médio de R$ 1.200,00 (60,0% do valor do ticket dos clientes atuais).

Verifique pela curva ABC quantos dos 100 novos clientes se enquadram em cada uma das classes, identificando valores de compra, e, da mesma forma, quantos *prospects* você tem em sua base de dados para cada uma delas.

Com essas informações, você poderá simular o potencial de vendas a novos clientes, definir prioridades, estratégias e canais de venda a utilizar, concluindo com a análise da relação custo versus benefício.

CONTROLE DE CAIXA

Monte o controle com base nas principais variáveis que interferem no fluxo de entrada de recursos e que foram definidas no planejamento, como, por exemplo:

❖ volume de vendas mês a mês;
❖ velocidade da venda dentro do mês (1^a e 2ª quinzenas);
❖ planos de pagamento negociados com os clientes.

Acompanhe os resultados reais versus os esperados e tome as providências necessárias para aproveitar a "maré", se for boa, ou corrigir eventuais desvios. Uma decisão pode representar milhares de reais a mais ou a menos no caixa da empresa. Por exemplo, imagine que suas vendas tenham um comportamento semelhante ao do quadro abaixo:

		JANEIRO			
	Semanas	1^a	2^a	3^a	4^a
	Vendas no mês	10%	15%	35%	40%
Planos de Pagamento	À vista ⇨ 10%				
	Em 3 × ⇨ 20%				
	Em 6 × ⇨ 70%				

Mas se com um pequeno esforço pedido a sua equipe de vendas, acompanhado de alguma recompensa – além de treinamento, direcionamento, controle e cobrança – você conseguir transformar o quadro acima em:

		JANEIRO			
	Semanas	1^a	2^a	3^a	4^a
	Vendas no mês	15%	20%	30%	35%
Planos de Pagamento	À vista ⇨ 10%				
	Em 3 × ⇨ 30%				
	Em 6 × ⇨ 60%				

o caixa de sua empresa terá uma melhora significativa.

Faça as contas! Verifique o significativo aumento de entrada de recursos no caixa, melhorando apenas 5% o volume de vendas nas duas primeiras semanas do mês e melhorando em 10% a venda parcelada em três vezes (diminuindo a venda parcelada em seis vezes).

PRODUTIVIDADE

O velho ditado "tempo é dinheiro" aplica-se perfeitamente à produtividade em vendas.

Uma das maiores causas de fracasso em vendas é o baixo número de entrevistas, pois os vendedores fazem uma grande confusão não diferenciando entrevistas de visitas ou ligações.

Visita ou *ligação* é o simples ato de contatar um cliente, pessoalmente ou por telefone. Já entrevista é algo muito diferente: considera-se uma *entrevista* quando conseguimos conversar efetivamente com o responsável ou com quem tem poder de decisão.

A maioria dos vendedores com baixo desempenho, e que reclamam que estão ganhando pouco, na verdade realizam poucas entrevistas de vendas. Passam o dia todo trabalhando, porém scm entrevistar seus clientes. É preciso distinguir: trabalhar é uma coisa e vender é outra bem diferente.

Sem importar o ramo de atividade em que atuam, os vendedores que sempre fracassam têm pelo menos uma coisa em comum: não mantêm registros de seu trabalho. Controlam apenas sua comissão. Não controlar seu trabalho é um dos maiores erros que o vendedor pode cometer, pois sem registro ele nunca saberá onde estão suas falhas e quais são os pontos a melhorar, o que o levaria a aumentar suas comissões.

Os vendedores externos, via de regra, não fazem anotações do seu trabalho diário, o que seria uma ferramenta que lhes permitiria aumentar as vendas, e consequentemente os ganhos. Com um método simples, mas altamente eficaz, que leva em conta apenas algumas informações, o vendedor define quantos clientes precisará visitar para cumprir suas metas, qual deverá ser o valor médio de suas vendas e o porquê dos resultados, bons ou maus: se na abordagem, na apresentação, no fechamento, na quantidade de entrevistas etc.

Veja como é fácil, com o controle a seguir, analisar e encontrar o possível erro.

	Segunda	Terça	Quarta	Quinta	Sexta	Sábado	Resumo da Semana
DATA							
VISITA OU LIGAÇÃO							
ENTREVISTA							
PENDENTE							
SEM INTERESSE							
QUANT. VENDAS							
VALOR VENDIDO							
VALOR MÉDIO							

Por esse quadro, o vendedor pode analisar vários pontos distintos e detectar seus erros: se seu número de visitas está baixo; se está visitando muito e entrevistando pouco; se não está falando com quem decide e, então, precisa aprender técnicas de abordagem; se sempre consegue falar com quem decide, mas não traz o contrato assinado ou só tem pendências, então há falta de técnicas de fechamento; se vende uma quantidade boa de produtos, mas de preço baixo, então faltam técnicas de apresentação do produto e de uma oferta mais "arrojada", e assim por diante.

Para treinar os vendedores a manter registro, pergunte a eles quantas visitas e entrevistas fizeram nesta semana? neste mês? neste ano? Para superar o resultado do ano passado, pergunte a eles quantas visitas e entrevistas precisam ser feitas na semana? no mês? no ano? Aqueles que não tiverem registro perceberão a necessidade de se organizar.

Fique atento ao trabalho de seus vendedores, faça reuniões semanais e analise o desempenho deles em relação a visitas, ligações, entrevistas, fechamento e valores. Só assim eles atingirão um desempenho excelente e ganharão muito dinheiro com vendas.

Uma vez mais reafirmo que controles são ferramentas para ajudar a vender. Também servem – e muito – para avaliar quem está precisando de treinamento para melhorar sua performance ou, no caso da produtividade, quem precisa trabalhar mais.

Tal como todos os controles, também este deve ser analisado, separadamente, por grupos de vendedores (A, B ou C), pois só assim é possível comparar trabalhos iguais.

CONTROLE DE VENDAS VERSUS METAS

Também, como exemplo, apresentamos sugestão de forma de acompanhamento de resultados reais versus metas de vendas. Note que este controle nos dá a possibilidade de confrontar resultados versus tempo (decorrido e a decorrer), e também simular tendência de resultado final e quantificar os desvios a maior ou menor.

90 • O Poder das Campanhas de Vendas

Quadro de Classificação Mensal por Grupos

Mês: setembro

Total de dias mês	20
Decorridos até 15/09	10
% dias decorridos	50%

Grupo 1 – Metas superiores a R$ 200.000

Nome	Meta	Valor	%	REALIZADO Por dia útil	A REALIZAR Por dia útil
1º Pedro	230.000	160.570	69,81%	16.057	6.943
2º Wilson	360.600	209.436	58,08%	20.943	15.116
3º Márcio	228.500	120.909	52,91%	12.090	10.759
4º Jaime	427.500	179.292	41,94%	17.929	24.821
5º Celso	201.000	84.118	41,85%	8.411	11.688

Grupo 2 – Metas entre R$ 125.001 e R$ 200.000

Nome	Meta	Valor	%	REALIZADO Por dia útil	A REALIZAR Por dia útil
1º João	160.000	95.600	59,75%	9.560	6.440
2º José	161.440	69.902	43,30%	6.990	9.154
3º Ana	162.500	66.536	40,95%	6.653	9.596
4º Mara	169.600	68.808	40,57%	6.880	10.079
5º Kalil	150.000	48.384	32,26%	4.838	10.162

Grupo 3 – Metas entre R$ 75.001 e R$ 125.000

Nome	Meta	Valor	%	REALIZADO Por dia útil	A REALIZAR Por dia útil
1º Luiz	97.000	96.650	99,64%	9.665	35
2º Jânio	89.000	63.934	71,84%	6.393	2.507
3º Jessé	80.000	57.340	71,68%	5.734	2.266
4º Helza	121.000	84.680	69,98%	8.468	3.632
5º Bóris	117.350	69.646	59,35%	6.964	4.770

Grupo 4 – Metas até R$ 75.000

Nome	Meta	Valor	%	REALIZADO Por dia útil	A REALIZAR Por dia útil
1º Júlio	61.950	124.776	201,41%	12.477	0000000
2º Susi	56.000	61.875	110,49%	6.187	0000000
3º Salim	72.300	50.535	69,90%	5.053	2.177
4º Edson	74.100	44.166	59,60%	4.416	2.993
5º André	51.000	26.104	51,18%	24.896	2.490

O ideal é que esse controle seja analisado em conjunto com o de produtividade (clientes resolvidos/vendedor/dia × no período inicial de 10 dias × a resolver/vendedor/dia nos 10 dias restantes), pois quantidade e qualidade de resultados são indissociáveis.

A análise dessa planilha indica rapidamente a situação das vendas: pelas médias diárias de vendas realizadas vemos que em todos os grupos há problemas e oportunidades.

❖ No grupo 1, o de maior responsabilidade sobre o total de vendas a ser gerado, o 4º e 5º vendedores precisam vender nos restantes dez dias 62% a mais do que conseguiram nos dez primeiros dias, algo difícil de ser atingido.

❖ No grupo 2, o aumento da venda diária, em relação ao realizado, é de 54% para os vendedores 2 a 5. As dificuldades serão grandes, pois estão concentradas em 4 dos 5 vendedores desse grupo.

❖ Já nos grupos 3 e 4 estão as oportunidades, pois nos primeiros dez dias da campanha foram os que apresentaram maiores possibilidades de "estourar" as vendas, e a necessidade de venda diária nos dez dias restantes corresponde a menos da metade do que já foi realizado.

Com esse quadro, localizamos as dificuldades como estando nos grupos que trabalham os maiores clientes, enquanto as maiores oportunidades estão nos grupos dos que trabalham os menores clientes.

Não se esqueça também de outros importantes aspectos, em sua maioria não identificáveis nos controles numéricos e que interferem nos resultados das empresas, pequenas, médias ou grandes, causando danos irreparáveis, com altos custos, como, por exemplo:

❖ vender pelo preço de tabela, mas dilatando o prazo de pagamento para não perder a venda;
❖ não ter plano e programa de treinamento para os vendedores;
❖ perder muitos clientes e/ou não conquistar novos clientes;
❖ não segmentar seus clientes nem os *prospects* (curva ABC), tratando todos da mesma forma, oferecendo condições iguais para todos;
❖ praticar preço errado – margens iguais (R$) para produtos com custos diferentes;
❖ pagar comissões iguais para trabalhos diferentes;
❖ fazer economia com quem gera resultados positivos;
❖ não cuidar da motivação do grupo de vendas;
❖ utilizar canais de vendas inadequados ou de forma errada;
❖ não ter, ou não usar, a base de dados com informações de seus resultados e do mercado;
❖ não ter metas claras, mensuráveis e controláveis;
❖ não ter o comprometimento do grupo com os objetivos da empresa por os mesmos não serem divulgados internamente;

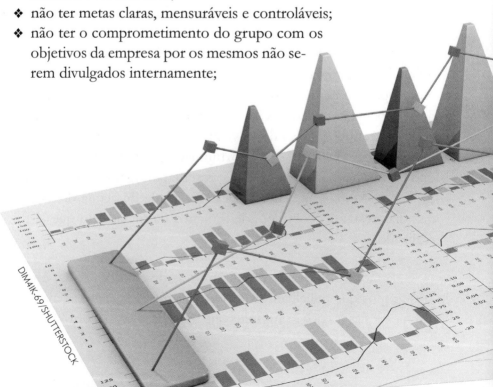

- ❖ não usar ou não saber interpretar os controles de vendas;
- ❖ considerar seus vendedores como os únicos responsáveis pelos re-sultados abaixo das necessidades;
- ❖ não ter programas nem estratégias para praticar o pós-venda.

Tão importante quanto bater as metas é analisar a situação da equipe de vendas a fim de tomar a melhor decisão, que pode variar em uma mesma equipe conforme o momento em que ela se encontra. E, para auxiliar na tomada de decisão, nada melhor do que números.

Parte 4

Implantação das Campanhas de Vendas

Este é o momento em que se começa a ganhar o jogo.
Uma CAMPANHA DE VENDAS corretamente implantada
poderá levar a empresa a resultados excepcionais.

Vale Guimarães

CAPÍTULO 14

Importância da
PRÉ-CAMPANHA

Uma caminhada de mil léguas começa com um simples passo!
Confúcio

Uma das condições fundamentais para o sucesso de uma organização é o comprometimento de todos os colaboradores.

E como o ser humano só pode se comprometer, ou não!, com aquilo que conhece, todos os profissionais da empresa – e muito especialmente os da estrutura de vendas – devem conhecer os objetivos e rumos da empresa e da CAMPANHA DE VENDAS. Esse momento, anterior ao início das vendas, é tão importante que se deve constituir em um ato solene, conhecido como *pré-campanha*, prestigiado e comandado pelo presidente ou dono da empresa a quem cabe a missão de, por exemplo:

❖ fazer o retrospecto dos resultados da organização do ano anterior e agradecer e elogiar o esforço, competência e dedicação de todos;
❖ comunicar os macro objetivos, prioridades e principais focos para o novo período;

- evidenciar a importância – ou até mesmo a necessidade – para a empresa de que esses objetivos sejam atingidos, assim como destacar os consequentes benefícios para todos;
- comprometer toda a equipe com os objetivos e desafiá-la a atingi-los.

Ao final do ato de pré-campanha, entregar pessoalmente os prêmios, troféus, ou o que seja, aos colaboradores que se destacaram na última campanha, motivando e incentivando todos a se determinarem na superação dos objetivos definidos.

Já ao principal executivo de vendas caberá a responsabilidade de "vender" à sua equipe a forma e os meios para se atingirem os objetivo apresentados pelo presidente.

De que forma?

- Mostrando, identificando e valorizando o mercado como um todo e, muito especialmente, aqueles que serão trabalhados;
- explicando quais as políticas, regras e normas definidas para a campanha proposta;
- comunicando os canais de vendas que serão utilizados;
- identificando os macro objetivos de cada canal – metas quantitativas e qualitativas – prioridades e responsabilidades;
- informando, quantitativamente, a estrutura de cada canal (gerente de vendas, superiores e vendedores);
- definindo as estratégias a serem aplicadas para cada um dos canais;
- comunicando o cronograma de trabalho – treinamento, início e fim da campanha e eventuais intervalos para treinamento, implantações ou reciclagem, caso já tenham sido previstos.

Caso a estrutura contemple mais do que um gerente de vendas, apresentá-los, identificando a área de responsabilidade de cada um.

Caberá então ao(s) gerente(s) de vendas apresentarem seus supervisores e a estes "nomear" os seus respectivos vendedores. A partir desse momento gerentes e supervisores já devem iniciar as reuniões coletivas e individuais com os vendedores a fim de:

- ❖ "vender" as metas para cada grupo, estimulando o espírito de equipe e a sinergia;
- ❖ estabelecer as metas pessoais, valorizando os talentos e a competição;
- ❖ demonstrar as possibilidades de ganho por meio dos percentuais de comissão, "vendendo" cenários positivos e otimistas;
- ❖ definir as responsabilidades de cada vendedor da equipe e
- ❖ destacar os planos e também os programas individuais de desenvolvimento profissional dos membros da equipe.

Dessa forma, consegue-se obter o comprometimento individual e coletivo para o alcance dos resultados.

> **Dica de ouro:**
>
> Converse isoladamente com cada vendedor por alguns instantes e nessa rápida conversa faça três coisas:
>
> - ❖ pergunte qual o sonho ou objetivo mais importante que gostaria de realizar neste ano;
> - ❖ aponte, sincera e resumidamente, quais são os pontos fracos que ele precisa melhorar para fazer uma boa CAMPANHA DE VENDAS;
> - ❖ comprometa-se em ajudá-lo a conseguir os objetivos dele, olhe bem fundo em seus olhos e, sinceramente, diga: "Eu conto com você e você pode contar comigo também!"

A propósito, você sabe qual é o elo mais importante de uma corrente: o primeiro, o do meio ou o último?

Não existe elo **mais** importante, todos o são. Se um elo quebrar a corrente, toda ela estará comprometida.

Da mesma forma, os "elos" de uma empresa: se os outros setores além do departamento de vendas não estiverem bem, certamente os problemas afetarão os clientes e, como consequência, as vendas.

Entregas de pedidos erradas ou atrasadas, fora das especificações, são indícios de que há problemas nos outros departamentos.

De pouco adiantará a equipe de vendas estar entusiasmada, conseguindo resultados positivos, se o restante da empresa estiver desmotivado, desanimado e prestando um serviço lento e/ou de péssima qualidade.

E como a área de vendas é o maior cliente interno, já que depende das demais áreas da empresa, convoque todas para a pré-campanha. Comprometa-as igualmente, pois é importante a contribuição delas para o sucesso da campanha, já que lhes cabe a responsabilidade de apoiar a estrutura de vendas.

Agora você já sabe o que poucos sabem: a importância de uma boa pré-campanha. Veremos no próximo capítulo, como fazê-la.

ARTHIMEDES/SHUTTERSTOCK

Capítulo 15

Como fazer uma
Pré-Campanha de Vendas

A pré-campanha é um momento mágico, único e crucial, em virtude da grande influência que terá na obtenção dos resultados. É nesse momento que os vendedores e demais funcionários "comprarão" ou não as ideias, as metas, os desafios, as estratégias da empresa para o período que está para começar. Por isso, todos os detalhes devem ser bem planejados.

10 DICAS VALIOSAS PARA REALIZAR A PRÉ-CAMPANHA

- ❖ Prepare-se muito bem, estudando e avaliando o que será comunicado;
- ❖ utilize recursos de slideshow, vídeos, músicas etc.;
- ❖ procure usar uma comunicação simples, clara, objetiva e de fácil entendimento para todos;
- ❖ de preferência, alugue um local fora da empresa para o evento;
- ❖ contrate um palestrante profissional e/ou um show;
- ❖ prepare sistemas e formas de sustentar, diuturnamente, durante a campanha, os objetivos e as metas comunicados;
- ❖ programe bem os horários, sobretudo se a convenção for realizada em um hotel-fazenda ou resort. É importante deixar um tempo para o lazer;
- ❖ siga os horários com firmeza evitando atrasos;

Parte 4 – Implantação das Campanhas de Vendas • **101**

❖ faça uso de brindes, camisetas, banners, faixas etc. Apesar de serem comuns, as pessoas sempre gostam;
❖ mantenha um clima de alta motivação e entusiasmo.

E não acredite que o desembolso financeiro para a pré-campanha seja uma "despesa", pois ele é um *investimento* com um alto e rápido índice de retorno pelo sucesso das vendas.

Dois exemplos fantásticos ilustram bem como fazer uma excelente pré-campanha. Há alguns anos um grande gerente de vendas levou toda sua equipe para um jantar no restaurante do famoso terraço do *Edifício Itália*, na época o mais alto da cidade de São Paulo. De seu terraço é possível avistar a imensidão de prédios, empresas, residências, ruas e avenidas a perder de vista. Após todos os vendedores estarem envolvidos por aquela grandeza, o gerente lhes disse: "Esse é o tamanho do nosso mercado. Vocês acham que existem oportunidades de vendas suficientes para nós lá embaixo?" Esse foi o estopim de uma Campanha de Vendas de sucesso.

Outro exemplo foi dado por um amigo meu, diretor de uma importadora em Curitiba. Ele reuniu sua equipe de vendas e os levou para um passeio surpresa. Chegando ao local determinado, os vendedores estavam curiosos e não sabiam o que aconteceria, até que para surpresa geral avistaram um lindo e imponente helicóptero.

Em pequenos grupos de 5 pessoas todos subiram para um rápido passeio de helicóptero pela cidade. Quando entravam no helicóptero recebiam um envelope e nele estava escrita a frase "Veja o tamanho da cidade que temos para vender. Nosso dinheiro está lá embaixo e iremos buscá-los juntos!"

Talvez você não tenha um *Edifício Itália* em sua cidade ou não tenha condições de levar sua equipe para um passeio de helicóptero. Isso não importa – o importante é usar a criatividade e fazer da pré-campanha um momento especial, marcando o início das novas vendas.

> **Lembre-se:**
>
> Todo o dinheiro utilizado na pré-campanha é um investimento que voltará com altos índices de vendas nos próximos dias.

Capítulo 16

Cerimônia de
Entrega de Prêmios

*Quero ganhar sempre. Essa história de que
o importante é competir é pura demagogia.*

Ayrton Senna

Poucos momentos são mais importantes e marcantes para os vendedores como a cerimônia de entrega de prêmios. O reconhecimento público pelos bons serviços prestados é vital para a motivação de todos na empresa.

Você que trabalha em uma pequena empresa, sem verba para grandes eventos, não caia na armadilha de pensar que isso não funcionará com sua equipe. Pequenos prêmios, como um jantar em um restaurante ou uma pizzaria, um eletrodoméstico, um simples troféu, podem motivar tanto quanto um cruzeiro de navio com direito a acompanhante. *O segredo não é o prêmio. É a motivação e alegria na hora da entrega.*

A comemoração pelo fim da campanha pode ser feita até mesmo na própria empresa ao final do expediente.

Não importa como – o importante é COMEMORAR. Fazer do acontecimento algo especial, finalizando um ciclo, para reforçar junto aos vendedores que outro se iniciará.

CAPÍTULO 17

A Motivação da
EQUIPE DE VENDAS É FUNDAMENTAL

*Só a empresa motivada vencerá, pois o diferencial
não é a tecnologia, mas sim os colaboradores motivados
que farão diferença nos resultados.*

César Frazão

A desmotivação de uma equipe pode começar do nada e, quando menos se espera, a força de vendas estará "para baixo". Perante um quadro desses, muitos executivos de vendas, impulsivamente, ainda são tentados a achar que a desmotivação se resolve fácil, apenas com mais dinheiro para os vendedores ou mais descontos para os clientes.

Mas nem sempre é assim, pois o dinheiro isoladamente não é o que motiva os vendedores.

Quando uma equipe de vendas chega ao fundo do poço, desmotivada, o dinheiro por si só não consegue resgatar a autoestima e o entusiasmo de que os vendedores precisam. É necessário algo mais. E esse algo mais se chama MOTIVAÇÃO.

E como motivar vendedores?

Entre outras coisas, com:

1. Ações imediatas e rápidas para mudança do quadro buscando, de forma conjunta e corporativa, a participação e o envolvimento dos vendedores na definição de novas táticas a usar para a reversão do quadro. É preciso comprometê-los com os resultados a serem atingidos. Para isso:

   - abra o diálogo com o grupo;
   - faça o grupo falar;
   - identifique as verdadeiras causas/origens da situação;
   - provoque a sugestão de possíveis "soluções";
   - crie objetivos e estratégias de curtíssimo prazo (de uma semana) para avaliar o retorno;
   - comprometa o grupo com a "virada";
   - recupere a autoestima do grupo.

2. Elogie e reconheça em público – e de forma enfática – cada vitória, desenvolvendo na equipe uma forte autoestima, fator que é fundamental para vender. Um bom exemplo é o de uma empresa que, por rotina, no início de cada manhã, reúne toda sua estrutura de vendas por não mais de 15 minutos, em pé e em círculo, para que cada vendedor diga o que vendeu no dia anterior, conte ao grupo quantas vendas fez, qual o valor total vendido e a quais argumentos atribuía maior peso para o fechamento das vendas.

   Essa inteligente rotina tem dois objetivos bem claros:

   - reconhecimento público dos vendedores que, de fato, venderam, elevando-lhes a autoestima e motivando-os a continuar em busca de mais vendas;
   - motivar, ainda que com alguma dose de "pressão" incluída, os vendedores que ainda não venderam nada a concretizar vendas.

3. Comemoração também é muito importante. É preciso celebrar cada venda, cada resultado, cada conquista, criando assim uma sinergia e um clima favorável às vendas.

Vender não é fácil, por isso é fundamental comemorar todas as conquistas, por menores que sejam, e todos os bons resultados para realimentar, permanentemente, a energia e o entusiasmo da equipe. A venda é o grande momento para o vendedor, assim como o gol é o grande momento para o jogador de futebol. Você já imaginou uma partida de futebol em que o jogador, após marcar o gol, simplesmente volta para o meio campo como se nada tivesse acontecido?

E como comemorar?

Há empresas mais agressivas, com uma alma mais alegre que, por exemplo, usam buzinas, sinos ou outros instrumentos sonoros para comemorar. Daí, a cada venda, o vendedor toca o sino, por exemplo, e comemora com alegria. Alegria essa que contagia todo o ambiente de vendas e toda a empresa.

Outras empresas possuem estilos mais discretos, comemoram batendo palmas ou tocando música em volume baixo, para não atrapalhar o trabalho dos outros vendedores.

Penso que pelo fato de muitas vezes o responsável pela equipe ser uma pessoa discreta, tímida ou pouco emotiva, acaba passando esses sentimentos para a equipe, perdendo assim uma fonte de motivação valiosa, que dinheiro nenhum no mundo pode comprar.

Mas é preciso comemorar as vendas, é preciso ter um clima de vendas na empresa, pois quanto melhor for o clima de vendas, mais chances a campanha terá de dar certo!

> A tarefa de motivar os vendedores deve ser uma das prioridades absolutas dos gerentes. Eles devem passar mais tempo se perguntando *"O que posso fazer de diferente para motivar minha equipe hoje"*, do que gastar tempo com burocracias, e-mails e reuniões improdutivas.

Capítulo 18

Vendendo a
Campanha para o Mercado

Vender hoje é mais cérebro do que músculos.
Professor Luiz Marins

Segundo o consultor de marketing e escritor Jerry Rackley, de Stillwater, Oklahoma, EUA, "Normalmente, usar apenas uma abordagem não atende adequadamente ao canal de clientes interessados". Portanto, é necessário ter várias abordagens diferentes para garantir os resultados desejados da campanha.

Provavelmente, é necessário ter uma combinação de técnicas tradicionais, como mala direta, e-mail marketing (com autorização prévia de envio), anúncios em revistas e jornais, participação em feiras e todos os demais meios de comunicação cabíveis de acordo com a verba e as necessidades.

4 DICAS PARA DIVULGAR SUA CAMPANHA NO MERCADO

1. Invista em um bom banco de dados – compre informações sobre clientes potenciais e qualificados para suas vendas. Com esses "mailings" você pode dar o tiro certo e ganhar tempo e dinheiro.

2. Faça parcerias ganha-ganha – é difícil, mas ainda hoje é possível encontrar bons parceiros se procurar. Precisamos estar rodeados de gente excelente e do bem, se quisermos vencer.

As boas parcerias são aquelas nas quais ambos ganham, e um supre o ponto fraco do outro.

3. Verifique seu banco de dados – clientes inativos que não tenham feito compras nos últimos meses são ótimos e rendem bons dividendos em momentos estratégicos da campanha.

4. Participe de feiras, associações e encontros do seu setor – relacionamento e conhecimento são fundamentais aos negócios. Quanto mais você participar e estiver atento a oportunidades em seu setor, maiores serão as chances de vender. E lembre-se: seu concorrente poderá estar lá!

Inove, saia da mesmice! Estávamos acompanhando uma CAMPANHA DE VENDAS de consórcio na cidade de Teresina, Piauí, e a empresa em questão montou uma tenda simples com o logo da empresa, próxima a um terminal de ônibus. O resultado de vendas foi excelente!

Dependendo do que você vende também poderá encontrar boas oportunidades para divulgar sua campanha e alavancar vendas em grêmios de empresas, exposições em supermercados e centros comerciais.

> O mercado está cheio de oportunidades adormecidas esperando por você.
> Use a criatividade, busque novas oportunidades e não fique parado esperando o cliente.
>
> **Se o vento acabou... reme!**

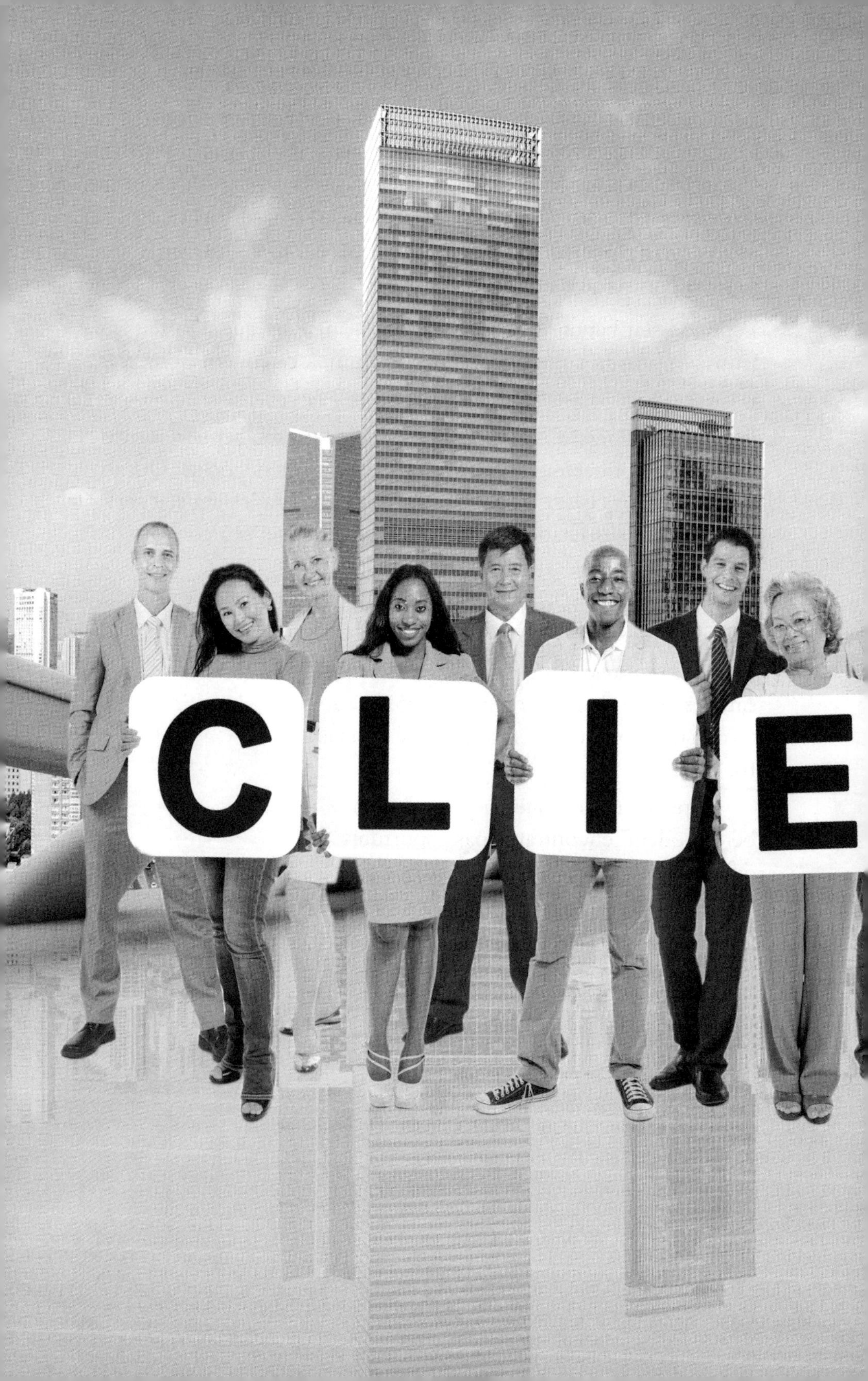
C L I E

PARTE 5

O PÓS-VENDA

Fica cinco vezes mais barato manter o cliente atual
do que conquistar um novo. Mesmo assim vejo empresas
gastando fortunas para atrair novos clientes
e não destinam um dólar sequer ao seu cliente atual.

Peter Drucker

CAPÍTULO 19

A Finalidade do
PÓS-VENDA

*Clientes podem demitir todos de uma empresa,
do alto executivo para baixo, simplesmente gastando
seu dinheiro em algum outro lugar.*
Sam Walton, fundador do Wal-Mart

Falamos muito até aqui sobre conquistar clientes e expandir negócios. Quando uma CAMPANHA DE VENDAS é bem-sucedida, isso é o que acontece de fato. E aqui entra em jogo outro assunto de extraordinária importância para o sucesso das empresas: **a manutenção dos clientes conquistados,** pois tão importante quanto vender é manter seus clientes comprando e para isso uma ação de pós-venda irá ajudá-lo – e muito!

Você sabe quando acontece a pré-venda
do próximo pedido?

É no pós-venda do pedido anterior. Daí a necessidade de investir pesado na conscientização e comprometimento de toda a empresa quanto à importância do pós-venda para fidelizar o cliente. Torne o pós-venda na melhor pré-venda do próximo pedido, persuadindo o cliente a voltar a comprar seu produto ou serviço devido ao excelente atendimento recebido.

Chegamos à conclusão nesses anos de trabalho com vendas de que só existem, de fato, duas maneiras de aumentar as vendas: a primeira delas é vender para novos clientes, o que custa caro e requer tempo e dedicação à prospecção, e a segunda é vender mais para quem já é cliente. Esta nos parece ser a mais rápida e barata para o aumento das vendas. E justamente aí entra a importância estratégica da pós-venda.

10 AÇÕES PARA IMPLANTAR UM PÓS-VENDA DE SUCESSO

A seguir, apresentamos um roteiro simples, prático e objetivo para fidelizar o cliente, que pode ser aplicado em qualquer empresa, desde as pequeninas até as gigantes multinacionais:

1. Seja obstinado em ouvir o cliente – use de todas as mais variadas formas para *ouvir o cliente*. Nunca é demais saber o que o cliente está pensando, pois isso pode representar uma tremenda vantagem competitiva em uma decisão estratégica.

2. Aprenda com as falhas ou erros – não veja as "reclamações" de seus clientes como tal, mas sim como "contribuições" valiosas para a melhoria e evolução da empresa.

3. Use o SAC (Serviço de Atendimento ao Cliente) – se ainda não tem um, monte esse canal de comunicação entre o mercado e sua empresa. É por aí que chegarão, entre outros, os pedidos de informações, as "reclamações" e as sugestões.

4. Grave todos os contatos do SAC – a gravação poderá ser muito útil, se feita com ética e responsabilidade. Hoje em dia equipamentos e programas que executam essa função custam muito barato e são bem acessíveis e simples de operar.

5. Ouça as gravações do SAC – essa é a grande oportunidade de você conhecer o que o mercado pensa, quer, espera e cobra de sua empresa. Compartilhe com outras pessoas da empresa e ajam em direção ao que o mercado deseja.

6. Coloque o SAC na sala do seu principal executivo – faça isso sempre que possível. Não fique refém de eventuais "triagens" ou "interpretações" do que o cliente efetivamente está falando de seus produtos, serviços, colaboradores e da empresa como instituição.

7. É preciso investir – a empresa deve investir tempo e dinheiro deixando os vendedores, supervisores e gerentes visitarem e ligarem para seus clientes com o objetivo exclusivo de relacionamento e não de venda. Não faça como algumas empresas que cobram o pós-venda de seus vendedores, mas não os deixam fazerem com a alegação de que isso "tomaria" tempo.

8. Todos devem estar envolvidos no pós-venda – o pós-venda deve ser praticado por todos na empresa, do mais alto executivo ao mais humilde funcionário. NÃO ABRA EXCEÇÕES, pois só assim a empresa estará voltada para o cliente. E não esqueça: *o exemplo precisa vir de cima para baixo.*

9. Cuide da imagem da empresa – por meio do pós-venda mostre ao mercado como sua empresa, com sua postura ética nos negócios e pelo atendimento profissional, responsável e rápido, está comprometida com o sucesso de seus clientes.

10. Crie um cronograma de ações – esse é um dos passos mais importantes. Já vimos muitas ações bem intencionadas de pós-venda começarem e não evoluírem. Isso ocorre geralmente porque a rotina corrida de negócios faz com que outros assuntos tenham prioridade em relação ao pós-venda e, assim, o que precisava ser feito vai ficando de lado. Quando se estabelece um cronograma com datas definidas para envio de mala direta, telefonemas, visitas etc., e incorpora-se esse cronograma à agenda da empresa, o risco de o pós-venda cair no esquecimento é menor, porque essa ação fará parte das tarefas do dia, ou seja, da rotina da empresa.

CAPÍTULO 20

Exemplos de
PÓS-VENDA DE SUCESSO

Um dos exemplos clássicos de todos os tempos sobre como fazer um bom pós-venda é a história abaixo, também citada no livro *Show em Vendas**.

Trata-se do lendário Joe Girard, o maior vendedor do mundo segundo o "Guinness Book®", o famoso livro dos recordes.

Só para darmos uma ideia, "Tio Joe" como ele era conhecido, enquanto a maioria dos vendedores de automóveis levava em torno de cinco a seis anos para vender 500 automóveis, ele, em um único ano, vendeu 540 automóveis, só por meio de indicações, sem contar as vendas normais. Em meados de 1997, podia-se afirmar que, sozinho, ele vendia mais do que todos os vendedores juntos da concessionária onde trabalhava.

"Tio Joe" fez fama e fortuna vendendo automóveis para milhares de pessoas. Seu maior segredo era o *forte relacionamento* com os clientes, algo a que, por parecer tão simples, a maioria dos vendedores não dá a devida atenção. Isto é simples, mas não é fácil, porque requer disciplina e atitude.

---

* *Show em Vendas*, de César Frazão, é um livro publicado pela editora HARBRA.

Ele fazia um rápido cadastro com informações básicas, como nome, endereço, nome dos familiares e datas de aniversários, de todos os clientes que compravam um carro com ele. De posse dessas informações, mandava constantemente correspondências para seus clientes, do tipo:

❖ Alguns dias após a compra do carro...

Olá, caro cliente, como está o carro novo que lhe vendi?
Espero que esteja gostando. Qualquer problema, por favor, me avise.
Desejo que você e sua família sejam muito felizes com esse carro.
Gosto muito de você.

Tio Joe

❖ No aniversário do cliente...

Querido cliente, feliz aniversário. Eu lhe desejo
muitas felicidades. Um abraço!

Tio Joe

❖ No aniversário de oito anos do filho do cliente...

Olá, pequeno [nome da criança].
Parabéns pelo seu aniversário.
Tenho certeza de que você será um grande homem,
muito rico e feliz quando crescer.
Um abração!

Tio Joe

Imagine seu filho recebendo esse tipo de correspondência por dez anos seguidos!

❖ No aniversário da mãe do cliente...

Muita saúde e felicidades para a senhora.
Que Deus lhe dê vida longa e parabéns
pelos filhos e netos que tem! Com carinho.

Tio Joe

❖ No dia de Natal...

Feliz Natal a todos! Vamos agradecer por mais este Natal, juntos.
Desejo a todos vocês muita saúde, felicidades,
paz e fartura no próximo ano!

Tio Joe ama toda a sua família

Suponha que você tivesse comprado um carro com Tio Joe e tenha recebido dele esse tratamento e essa atenção. Passados 2 a 3 anos, na hora de trocar de carro, de quem você se lembraria?

Quando seu filho crescesse e fosse comprar o seu primeiro automóvel, após ter recebido durante dez anos seguidos cartas de feliz aniversário, com quem ele compraria seu primeiro automóvel?

Quando uma amiga de sua mãe estivesse falando com ela que seu marido precisava trocar seu carro por um mais novo, quem sua mãe indicaria?

Quando seu amigo fosse trocar de carro, você diria para ele procurar quem?

Provavelmente você respondeu espontaneamente a todas as respostas acima dizendo Tio Joe. Aí está o segredo do maior vendedor do mundo: um forte relacionamento com seus clientes.

Construa uma rede de contatos, mantenha-se vivo na memória de seus clientes, cuide bem deles e eles cuidarão de você no futuro. Joe costumava dizer que quando o cliente sai com o carro da loja, *a venda não acabou – ela está apenas começando.*

Um detalhe: naquela época, Joe não dispunha de computadores para auxiliá-lo no seu processo. Hoje você tem uma série de facilidades, como internet, e-mail, agenda eletrônica, tablet etc. É só "botar a mão na massa" e colher os resultados que, dentro de três anos, terão subido muito. Você ganhará muito dinheiro com vendas.

PARTE 6

CAMPANHAS DE VENDAS BEM-SUCEDIDAS

> Não ande sozinho.
> Não faça uma CAMPANHA DE VENDAS sem um mentor. Um erro pode colocar tudo a perder.
>
> *Edilson Lopes*

Depois de tanta explanação sobre CAMPANHA DE VENDAS, queremos mostrar ainda que resumidamente, de forma prática, alguns casos reais que vivenciamos em nossos clientes e que mostram como determinadas ações recomendadas neste livro foram implementadas com sucesso total nos resultados.

CASO 1: EMPRESA DE COLCHÕES – LOJA

Nome: Campanha de Páscoa
Prazo: Início de março até a Páscoa
Objetivo: R$ 340.000,00 em vendas (no mesmo período do ano anterior as vendas foram de R$ 305.000,00)
Premiação: Ovos de chocolate e bacalhau
Resultado: R$ 347.000,00 em vendas

CASO 2: EMPRESA DE MÍDIA DIGITAL

Nome: Tá tudo dominado
Prazo: 60 dias
Objetivo: Aumentar o número de clientes de 117 para 200
Premiação: Viagem, telefones celulares e dinheiro
Resultado: 200 clientes em 51 dias. 211 clientes em 60 dias.

INNERSHADOWS PHOTOGRAPHY/SHUTTERSTOCK

CAPÍTULO 21

Não importa o
TAMANHO DA EMPRESA

CAMPANHA DE UMA GRANDE EMPRESA

Empresa de porte grande com uma forte distorção da curva de clientes A, B e C, gerada por uma grande concentração de receita nos poucos clientes A, o que coloca em risco o equilíbrio e a saúde financeira da empresa.

Desafio: crescer a base de clientes e aumentar a receita nos atuais clientes B e C para, em uma primeira fase, minimizar a concentração de receita e, em um segundo momento, corrigir totalmente a distorção.

Algumas decisões quanto a atitudes/medidas para esta fase inicial foram tomadas:

❖ *qualificação* – segmentação e quantificação dos atuais clientes pela curva A, B e C;
❖ *identificação* na base de dados dos *prospects* e segmentá-los por classe de clientes (A, B e C) e sua localização;
❖ *identificação de clientes inativos*, em que além dos filtros "classe" e "localização" também sejam considerados a data de inatividade, o(s)

vendedor(es) que trabalhou(ram) esses clientes e informações sobre o motivo por que deixaram de comprar;

❖ *qualificação, segmentação* e *quantificação* dos atuais clientes B e C com maior potencial de crescimento de volume de compra;

❖ *avaliação do quadro de vendas* para identificar quem são os vendedores A, B e C de campo e de televendas.

De posse desses dados, definiram-se algumas ações:

1. todos os clientes A seriam trabalhados pelos vendedores A do campo com o objetivo de serem mantidos, ainda que sem especiais esforços ou expectativas de aumento das vendas dessa classe de clientes;

2. os clientes B de maior potencial de aumento do volume de compra e também alguns poucos clientes C, com grande potencial de crescimento, também seriam trabalhados pelos vendedores A do campo, ficando assim estes com a responsabilidade de melhor "aproveitar" o potencial de compra desse grupo de clientes;

3. os clientes B com potencial médio de crescimento do volume de compra e os clientes C de maior potencial de desenvolvimento das vendas, não atribuídos aos vendedores A, seriam trabalhados pelos vendedores B do campo;

4. todos os demais clientes B e C atuais e os *prospects* de maior potencial, não atribuídos aos vendedores de campo, ficaram sob a responsabilidade dos vendedores A e B do televendas;

5. os *prospects*, clientes inativos e os atuais clientes C de muito baixo potencial de aumento do volume de compra ficaram sob a responsabilidade de outra equipe do televendas.

Os vendedores C de campo, não promovidos à classe B, que restaram disponíveis na empresa, depois de avaliados pelo seu potencial de desenvolvimento e histórico de resultados, sem terem tido a esperada evolução após várias ações de acompanhamento e treinamento, foram desligados da empresa.

Para cada grupo de vendedores, a quantidade de clientes atribuída foi determinada pelos níveis de produtividade adequados para trabalho no campo (e assim mesmo diferenciada para vendedores A e B), bem como para o televendas (também diferenciada entre trabalho com clientes atuais e *prospects*).

Além dessas ações, outras também não menos importantes foram implantadas após a devida análise e planejamento, como, por exemplo:

❖ criação de estratégias específicas para aumentar o valor médio de compra dos clientes B e C, aumentando o número adequado de produtos na oferta a esses clientes e na redução do ciclo de compra;
❖ definição de um percentual específico de comissão para os vendedores sobre o aumento do valor das compras dos clientes B e C;
❖ idem sobre as vendas a novos clientes;
❖ treinamento prático de vendas com cada grupo de vendedores;
❖ criação de controles específicos para acompanhamento de resultados × previsões, por vendedor em cada grupo, quer no campo, quer no televendas;
❖ envolvimento do grupo com os objetivos, estratégias e responsabilidades para o consequente e decisivo comprometimento de todos.

Resultados: com essas ações atingiram-se os principais objetivos, minimizando em parte a concentração de receita nos clientes A e, tão importante quanto, foram implantadas as bases para que, nas próximas campanhas, o processo se consolide.

A título ilustrativo, os macro índices obtidos ao final da campanha foram:

❖ aumento da base de clientes em 13,5%, contra os tradicionais 2/2,5%, na sua maioria em decorrência da estratégia definida para a nova equipe de televendas;
❖ crescimento da receita em 6,8% versus os habituais 3/3,5%, resultante do aumento do volume de compra dos clientes B e C, dos novos clientes e da recuperação de parte dos clientes inativos.

Campanha de uma Empresa de Porte Médio

Empresa de porte médio, convivendo nos três últimos anos com um crescimento apenas vegetativo da receita e uma perda anual de cerca de 2% de participação de mercado e com dificuldades de caixa.

A força de vendas era constituída por representantes autônomos, em média com 10 a 15 anos na empresa, organizados por região e cobrindo todo o Brasil.

Desafio: viabilizar o crescimento da receita e da participação (*share*) de mercado.

Os primeiros passos incidiram no levantamento de informações sobre o mercado e os concorrentes diretos. Em paralelo, conhecer o histórico dos resultados por representante, a composição e quantificação da sua carteira por clientes ativos, inativos e *prospects*.

Nesse levantamento de informações, chegou-se às seguintes conclusões:

* a região era entendida e respeitada como "propriedade" do representante;
* dimensão territorial exagerada de cada região;
* clientes atuais em número maior do que a possibilidade de atendimento (dada a dispersão territorial), inativos e *prospects* (regra geral não sendo trabalhados) em quantidade quase absurda;
* prazo médio de pagamento negociado com os clientes chegando a 120 dias.

Após a análise dos dados, definiram-se algumas ações:

1. implantar o conceito de que os clientes são da empresa e não do representante;
2. definir a área de atuação de cada um, por mercado e não por área geográfica;
3. delimitar áreas menores de trabalho de cada representante, definidas pela localização do maior número de clientes ativos, com significativos ganhos de produtividade dos representantes pela diminuição dos tempos de deslocamento;

4. qualificar, segmentar e quantificar, em cada região, o mercado que cada representante deve trabalhar;

5. construir e implantar metas individuais por representante, de cada cliente ativo, mediante seu histórico. Incluir um percentual de recuperação de clientes inativos e também de levantamento de novos clientes, com previsão de valores médios de compra, usando como base os valores reais de clientes ativos com idêntica qualificação;

6. rever o prazo médio de pagamento dos clientes, com redução para até 90 dias;

7. apresentar a cada representante os motivos e a necessidade de se refazer a área de trabalho, indicando nela os clientes ativos, inativos e *prospects* já identificados, justificando a eventual "perda" de alguns clientes da carteira do representante que, pela distância, não justificam o esforço e estariam sendo atribuídos a outros representantes que atuassem na área mais próxima dos clientes. Da mesma forma, cada um poderia receber, pelo mesmo critério, clientes que pertenciam a outros representantes;

8. provar a cada um que, com essa nova filosofia, seus ganhos aumentarão de duas formas: com a redução do tempo em viagens, a produtividade aumentará e, por consequência, o volume de vendas. Por outro lado, viajando menos tempo e fazendo menos quilômetros, seus custos (gasolina, hotéis, desvalorização de veículo etc.) diminuirão. Com isso, juntando maiores comissões com menores custos, a possibilidade de melhores ganhos será substancialmente maior;

9. identificar e localizar os clientes ativos, inativos e *prospects* que "sobraram" sem atribuição, criando-se novas áreas de ação;

10. recrutar alguns representantes para cobrir essas novas áreas de mercado.

Resultados: um ano após a implantação desses conceitos, filosofias e estratégias pudemos comemorar, com enorme satisfação, os excelentes resultados, superiores até às previsões e expectativas mais otimistas – identificamos um crescimento de 48,6% na receita e de 27,7% em clientes. Veja que estamos falando em um ano, ou seja, uma campanha de longo prazo.

Analisando o trabalho desenvolvido nessas duas empresas, percebe-se como, na prática, se aplicaram muitos dos temas tratados neste livro, como, por exemplo:

❖ a utilização das informações da base de dados de mercado;
❖ o conhecimento do mercado e da concorrência;
❖ a segmentação de mercados (curva A, B e C);
❖ o uso dos resultados históricos das vendas;
❖ o planejamento de todas as ações, evitando-se o improviso;
❖ a criatividade necessária para formatação de estratégias possíveis;
❖ a construção de metas específicas por tipos de cliente e grupos de trabalho, e não genéricas;
❖ a força do televendas no levantamento de novos clientes;
❖ a importância do envolvimento e comprometimento de toda a equipe;
❖ o investimento em treinamento;
❖ a importância de ações de motivação.

CAMPANHAS DE DUAS EMPRESAS DE PEQUENO PORTE

CASO 1

Esse cliente nosso é uma pequena empresa com cerca de 40 funcionários e atua na venda de consórcios de automóveis de caminhões. Possui uma boa e experiente equipe de vendas externa.

Desafios: atingir 150 cotas de consórcio/mês. Uma meta relativamente alta e jamais alcançada nos meses anteriores. Desejavam fazer isso sem aumentar o quadro de vendas para não comprometer a lucratividade do negócio.

Para atingir o objetivo, definiram algumas ações:

1. criar uma CAMPANHA DE VENDAS batizada de 150! Foram feitos, banners, faixas, cartazes para decorar o salão de vendas, tudo indicando e focando a turma de vendas no objetivo principal. Com o tema, até se criou uma música bem divertida que os vendedores cantavam pela manhã;

2. estimular a busca de indicações para novas vendas, pagando um pequeno adicional por venda realizada por esse meio;

3. telemarketing ativo com todos os clientes que tiveram contato nos últimos meses e que, por algum motivo, não compraram.

Resultados: as 157 cotas foram atingidas! Um recorde de vendas. Isso mostra o quanto é importante uma CAMPANHA DE VENDAS para dar novo ânimo nas vendas.

CASO 2

O cliente é um distribuidor de ferramentas, que vende nas Regiões Sul e Sudeste do país por meio de representantes comerciais.

Desafio: vender novos itens importados da China que foram incorporados ao catálogo, mas sem baixar as vendas dos itens atuais.

Para esse objetivo, foram definidas as seguintes estratégias:

1. as novas metas foram definidas em conjunto com a equipe de vendas, não impondo nada, apenas chegando a um senso comum por meio de um diálogo inteligente;

2. a CAMPANHA DE VENDAS teve com base oferecer sempre a todos os clientes 3 itens a mais. Isso mesmo: em todas as visitas realizadas!;

3. oferecer aos representantes comerciais um prêmio adicional para as vendas realizadas dos novos itens;

4. criar um novo *folder*, com imagens e explicações dos novos itens, para que a equipe de vendas tenha o que mostrar ao cliente. Importante destacar que nesse material tinha a palavra NOVIDADES! em destaque. Saiba que essa palavra é uma das mais poderosas em vendas.

Resultados: após um mês de trabalho, as vendas dos novos itens aumentaram 23%!

CAMPANHAS DE DUAS MICROMPRESAS

CASO 1

Vamos analisar como uma locadora de DVDs utilizou uma CAMPANHA DE VENDAS para turbinar seus resultados. Não contente com as poucas locações que estavam acontecendo, o proprietário dessa pequena locadora com três funcionários (ele e mais dois) resolveu fazer algo!

Desafio: conseguir 500 *novos* clientes cadastrados para gerar, em um primeiro momento, o número de locações desejadas por ele.

Para atingir o objetivo, foram estabelecidas algumas estratégias:

1. a partir dos números de uma simples lista telefônica, seus dois funcionários ligaram para os moradores do bairro, convidando-os a visitar a locadora, ficarem sócios e conhecerem os incríveis lançamentos;
2. a cada cliente conquistado eles tocavam um sino na locadora em comemoração e escreviam o nome desse novo cliente em um painel.

Resultados: em dois meses de trabalho eles aumentaram sua base de clientes-sócios de 957 clientes para os desejados 1.500 sócios. Ou seja, aumentaram 503 clientes.

CASO 2

Uma serralheria, instalada em um bairro simples na periferia de São Paulo, contava com poucos clientes e algumas encomendas esporádicas.

O problema é que às vezes eles ficavam dias parados sem um serviço sequer. Então, tiveram a ideia de aproveitar as máquinas paradas e o retalho de material para fazerem algumas lixeiras, enquanto algo mais rentável não aparecesse.

Eles deram um apelido a essa campanha que passou a se chamar: LIXEIRAS EM AÇÃO!

Desafio: como vender as lixeiras depois de prontas, já que não adiantava deixá-las apenas em exposição na porta da serralheria, pois o ponto comercial ali não era dos melhores?

Para isso, utilizaram as seguintes estratégias:

1. contratação provisória de dois vendedores ambulantes que ofereceriam as lixeiras, porta a porta, com outros produtos que já vendiam;
2. visitas pessoais do próprio dono a depósitos de materiais de construção.

Resultados: as vendas foram ótimas. O novo produto não só ocupou o tempo ocioso, como também forçou a empresa a adquirir mais uma máquina de solda e mais dois funcionários para dar conta de atender aos pedidos e à demanda crescente.

Conheceram um distribuidor que se interessou pelas lixeiras e só ele passou a comprar mais de 200 peças por mês!

Conclusão:

Há dezenas e dezenas de casos bem-sucedidos de como CAMPANHAS DE VENDAS simples ou complexas, em microempresas ou em gigantes multinacionais, podem dar certo. Os conceitos e as estratégias apresentados neste livro, aplicados no seu negócio, no seu dia a dia, farão a diferença em suas vendas.

Atingir seus objetivos de venda é apenas uma questão de criatividade, conhecimento e força de vontade.